Heinrich Bulle

Die Silene in der archaischen Kunst der Griechen

Heinrich Bulle

Die Silene in der archaischen Kunst der Griechen

ISBN/EAN: 9783743630871

Hergestellt in Europa, USA, Kanada, Australien, Japan

Cover: Foto ©Thomas Meinert / pixelio.de

Weitere Bücher finden Sie auf **www.hansebooks.com**

DIE SILENE

IN DER ARCHAISCHEN KUNST DER GRIECHEN.

VON

HEINRICH BULLE.

—

MUENCHEN
THEODOR ACKERMANN
KÖNIGLICHER HOF-BUCHHÄNDLER.
1893.

Meinem Lehrer

Heinrich Brunn.

Vorwort.

Die vorliegende Arbeit, welche aus den Anregungen Heinrich Brunns hervorgegangen ist, behandelt die Typik und mythische Auffassung der Silene in der archaischen Zeit der griechischen Kunstübung.

Die überwiegende Masse des monumentalen Materials besteht in Vasenbildern. Ich folge bei der Behandlung derselben im wesentlichen den Anschauungen derjenigen Forscher, welche die von Brunn gegen die übliche Classifizierung und Datierung derselben erhobenen Bedenken nicht teilen, und kann das um so mehr thun, als die kunstmythologischen Ziele der Arbeit wenig oder gar nicht von der Frage berührt werden, ob wir in der grösseren Masse der schwarzfigurigen Gefässe Originale oder Kopistenarbeit besitzen. Denn dass bei einer Nachahmung des alten Stils, sei es wann und wo immer, selbständig alte Muster erfunden worden wären, ist nicht anzunehmen, und die Züge, in denen sich etwa eine jüngere Zeit verrät, sind mehr nebensächlicher Art.

Ich bin weit davon entfernt, mir über diese schwierige Frage ein endgültiges Urteil zutrauen zu wollen. Wenn ich daher im Verlaufe der Arbeit die Gefässe griechischen und italischen Fundorts gesondert bespreche, so geschieht dies nur, um in Brunns Sinne darauf hinzuweisen, dass in erster Linie ein getrenntes Studium derselben nach Technik, künstlerischem Charakter und Inhalt der Darstellung nötig ist, um diese Frage der Entscheidung näher zu bringen. Erst wenn durch umfangreiche Untersuchungen solcher Art festgestellt sein wird, dass und wie die Vasen aus Griechenland und die aus Italien sich von einander unterscheiden, wird es an der Zeit sein, die weiteren Schlussfolgerungen aus diesen Beobachtungen zu ziehen.

Inhalt.

	Seite
Vorwort	V
I. Die ältesten Silenstypen	1
1. Der hufige Silen	1
2. Der behaarte Silen	15
II. Die Kunstgebiete	25
1. Kleinasien und Nordgriechenland	28
2. Chalkis und seine Kolonien	34
3. Attika	41
Plastik	41
Vasen griechischen Fundorts	45
Vasen italischen Fundorts	50
4. Komos-Darstellungen	68
5. Etrurien	70
III. Die Brunnschen Probleme	72

I.
Aelteste Typen.

Bei dem Aufsuchen der ältesten Darstellungen der Silene könnte man versucht sein, unter den daemonischen Fabelwesen der „Inselsteine" nach den Vorläufern der historischen Typen zu forschen; denn die Konsequenz der späteren Entwicklung, welche die tierischen Abzeichen immer mehr einschränkt und in der praxitelischen Epoche nur mehr ein gespitztes Ohr übrig lässt, macht auch vom rein archaeologischen Standpunkt aus Milchhoefers Vermutung (Anfänge der Kunst, s. 72) sehr einleuchtend, dass man sich anfänglich die Silene bei weitem phantastischer, etwa als wirkliche Mischwesen mit Pferdekopf dachte und vielleicht auch darstellte. Aber es ist bis jetzt nichts zum Vorschein gekommen, was mit einiger Wahrscheinlichkeit in dieser Richtung gedeutet werden könnte.

1. Der hufige Silen.

Der unbezweifelt älteste Typus des Silen ist vielmehr derjenige, welcher ihm neben Schwanz und Ohren des Pferdes auch Pferdehufe oder -beine verleiht. Im Vergleich zu der menschenfüssigen Bildung tritt er in der griechischen Kunst verhältnismässig selten auf, sehr viel häufiger in der etruskischen. Ich stelle zunächst die mir bekannt gewordenen Darstellungen zusammen, eine Liste, die aus dem grossen Vorrat unpublizierter Monumente noch sehr wird erweitert werden können.

Glyptik, Plastik.

1. Nordgriechische Münzen: Thasos, Lete. Die wichtigsten Typen sind:

a. Silen einer Nymphe gegenüberstehend, welche einen Kranz oder eine Blume hält; er erhebt die Hände gegen sie, ohne sie zu berühren (Imhoof, Choix de mon. gr. pl. I, nr. 17 = Baumeister, Dkm. Abb. 1014) oder er fasst sie an der Hand (Müller-Wieseler, Dkm. I, tf. 17, nr. 82; Gardner, Types tf. III, 1), wozu an das alte Schema der spartanischen Marmorbasis zu erinnern ist (Milchhoefer, Anf. s. 187). Die Silensbildung schwankt auch in stilistisch gleichalten Exemplaren, indem bisweilen der Schwanz fortbleibt. Jedoch scheinen die ältesten Stücke diesem Typus durchweg Hufe zu verleihen, die sich unmittelbar an die dicken menschlichen Unterschenkel ansetzen.

b. Silen im Knielaufschema eine Nymphe forttragend. (Müller-Wieseler, I, 16, 80; 81. Brit. Mus. Catal. Thrace s. 216, 2; s. 218, 24. Gardner, Types III, 28). Hufige Bildung habe ich nur an einem Exemplar des Münchener Kabinetts beobachten können; sie scheint auch vorhanden auf dem, welches Numism. Chron. Ser. III, Band X (1890), pl. 1, 2 abgebildet ist.

Bei den Letaeern und bei den Orrheskiern, einem Stamm im Innern Makedoniens, wird dies Schema dadurch zu einem nymphenraubenden Kentaur umgewandelt, dass ein Pferdekörper an den Silen angeschoben wird und die Vorderbeine ebenfalls vom Pferde genommen werden (Müller-Wieseler, I, 17, 83; 84. Friedländer-Sallet, Berl. Münzk. II, tf. 4, 35. Head, hist. num. s. 174. Gardner, Types III, 9).

c. Ausserdem findet sich in Lete auf Kleinstücken der Silen in derselben Laufstellung wie auf b ohne die Nymphe; ferner im Profil auf dem Gesäss hockend, wobei der lange, nach oben geringelte Schwanz den

Raum hinter dem Rücken ausfüllt. (Von beiden Typen Exemplare im Münchener Münzkabinett.) Hufe scheinen nicht vorzukommen.

2. Archaische Gemmen.

a. Silen in Knielaufschema mit Kantharos. Abg. Journ. hell. stud. I (1880), s. 146, fig. 5. Gewaltiger Haarwuchs; Pferdehuf unmittelbar an menschlicher Wade. — Auf einer stilistisch engverwandten Gemme, abg. ebenda, s. 130, fg. 3, trägt ein Kentaur mit menschlichen Vorderbeinen, welche in Pferdehufe auslaufen (wie auf der Caeretaner Hydria Ann. 1863, E, F und der attischen Vase Jahrbuch II, tf. 4), eine Nymphe in den Armen. Denkt man sich den Pferdekörper weg, so erhält man völlig den Silen der anderen Gemme.

b. Silen mit Kantharos in der L. über eine am Boden stehende Amphora gebeugt. Abg. Cat. of Gems in the Brit. Mus. pl. E, 289 = Murray, Handbook of Arch. tf. 12, nr. 11. Stilistisch fortgeschrittener wie a, aber Hufbildung wie dort.

3. Terracottagruppe aus Olympia: Silen eine Nymphe tragend. Abgeb. Ausgrabungen v. Ol., Bd. IV, tf. 27, A, 1; das Kopffragment Laloux et Monceaux, Restauration d'Ol., s. 8 als „tête archaïque de Zeus". Vgl. Furtwängler, Arch. Anz. 1878, s. 173; 1879, s. 87, nr. 41. Arch. Ztg. 1882, s. 342; 346. Nach Furtwängler Giebelakroter eines der Schatzhäuser.

Erhalten ist der r. Unterschenkel, welcher durch Vermittlung eines ganz kurzen Gelenkes, das dem Fesselgelenk der Pferde entspricht, in einen Huf ausläuft; der l. Huf; dazwischen ein Stück Gewand der geraubten Frau. Vom Kopfe sind vorhanden der streng archaische Bart, der geöffnete Mund, in welchem die zwei Zahnreihen sichtbar sind, der Schnurrbart und die unteren Wangenpartien.

4. Bronzen.

a) Statuette des Münchener Antiquariums, aus der Peloponnes. Christ und Lauth, Führer (1891), Saal 4, nr. 121. — Sitzender Silen (der Untersatz modern), die Unterarme parallel den Oberschenkeln vorstreckend. Pferdehufe unmittelbar an die menschlichen Unterschenkel anstossend; sehr dicke Oberschenkel, schmale Taille; spitzer langer Bart, kein Schnurrbart; das wie der Bart gravierte Kopfhaar oben spitz zulaufend, hinten kurz; seitwärts abstehende Pferdeohren.

b) Statuette in Berlin. Friederichs, Geräte und Bronzen nr. 715 e. Aus Bomarzo. — Stehender Silen, in der R. ein Trinkhorn haltend; die L. ist in die Seite gestemmt und der breite Schwanz fällt wie eine Schärpe oder Chlamys über den Unterarm nach vorne. Wegen dieses originellen Motivs, der proportionierten Körperbildung und guten Ausführung scheint er mir sicher griechischer Arbeit. Breiter, runder Vollbart; seitlich der Nase ansetzender Schnurrbart; Haar hinten in archaischer Weise breit herabfallend, aber nur über der Stirne graviert; grosse Ohren gradaufstehend, ziemlich hoch angesetzt. Hufe mit Fesselgelenk.

c) Silen in Tanzschritt. Berlin, Friedrichs nr. 715 b. Aus Chiusi. Die griech. Arbeit nicht so sicher wie bei b. Alle Einzelheiten der Bildung stimmen jedoch mit b überein; nur fehlt der Schwanz, für den auch kein Einsatzloch vorhanden.[1]

Sarkophag und Vasen griechischen Fundorts.

5. Sf. Sarkophag von Klazomenai. Abg. J. h. st. IV, s. 21; VI, s. 190. A. Dkm. d. J. I, 46, 3. Schreiten-

---

[1] Einige weitere Beispiele hufiger Silene in Bronze werden in Abschnitt II, 2 unter chalkidischem Bronzegerät aufgezählt.

der Silen, die L. mit der Handfläche nach aussen erhoben. Fesselgelenk sehr kurz. Kniee leise eingeknickt. Breiter, spitz auslaufender Schwanz. Sehr schmale Taille. Sehr ausgeprägte Stülpnase, spitzes zurückgelegtes Ohr. Das Gesicht wird fast ganz verdeckt von dem ungeheuren Bart- und Haarwuchs, der auch den Hals völlig unsichtbar macht und wie eine Pferdemähne wirkt.

6. Sf. Amphora von Kameiros. Abg. J. h. st. IV, s. 188 (C. Smith.) Jetzt in Berlin Jahrbuch I, s. 160 (Furtwängler). Von Smith und Furtwängler a. O. einer „unbekannten ionischen Fabrik" zugeschrieben. — Zwei Silene halten eine sehr hohe, stehende Amphora bei den Henkeln gefasst; Stellung gemildertes Knielaufschema. Hufe durch langes, dünnes Fesselgelenk mit den Unterschenkeln verbunden; langer schmaler Pferdeschwanz. Auf dem Bauch Haargravierung. Binde und zweigartiger Kranz im Haar, das in drei Locken in den Nacken fällt. Bart im unteren Kontur rundlich, in Locken gegliedert. Stülpnase, schmales, spitzes Ohr.

7. Vase des Klitias und Ergotimos, wegen ihrer unbezweifelten Echtheit hier anzureihen. Abg. W. Vorl. 1888, tf. 3. — Hephästrückführung. Dem Maultier des Gottes folgt ein schlauchtragender, dann ein flöteblasender Silen, endlich eine fragmentierte Gruppe. Sie ist ohne allen Zweifel so zu ergänzen, dass der Silen die Nymphe nicht blos umarmt, sondern trägt, wie auf den nordgriechischen Münzen (so auch Jahn, Einl. zur M. Vasens. pg. CLV, Anm. 1084); das beweist ausser dem herabhängenden r. Arm und dem senkrecht fallenden Haar der Nymphe die Unmöglichkeit, sie mit den Füssen auf dem Boden stehend zu ergänzen. Sie würde zu fallen scheinen und den Silen mit sich umreissen. Dass der erhaltene, infolge Restauration jetzt rund auslaufende Armstumpf des Silen fast wagerecht vom Körper absteht, kann nicht beirren; er hielt sie mit eckiger Wendung des Arms nach unten unter den Knie-

kehlen gefasst. Vgl. übrigens auch das archaische Relief bei Müller-Wieseler, II, nr. 472.

Die Silene (inschr.) haben, abweichend von allem bisherigen, dünne Pferdeschenkel, die organisch mit dem Menschenkörper verschmolzen sind. Auch der Schwanz erscheint hier als ein naturgemässer Fortsatz der Wirbelsäule, während er sonst an der Rundung der Glutaeen irgendwo angefügt wird. Die Ohren sind sehr gut als Pferdeohren gekennzeichnet; das Haar sträubt sich über der Stirn und fällt in langen Strähnen in den Nacken. Der Bart ist in seinem oberen Kontur rundlich, wie auch bei den Kentauren derselben Vase, während die Götter derselben einen strengeren Keilbart tragen, wohlfrisiert im Gegensatz zu den wilden Dämonen. Die Nase der Silene ist gerade. Sehr lebendig sind die geöffneten dicken Lippen des Schlauchträgers, der unter seiner Last keucht. Im ganzen finden sich Silene, die diesen inbezug auf künstlerische Einheitlichkeit ebenbürtig wären, erst in der rf. Vasenmalerei wieder, während bei allen archaischen Silenen die tierischen Zuthaten des Schwanzes und oft auch der Ohren als äusserlich angefügte Abzeichen erscheinen.

Vasen italischen Fundorts.

8. Sf. Amphora. Abg. Gerhard, Auserl. Vasenb. 317—18. Von Furtwängler, Goldfund von Vettersfelde, s. 26, Anm. 3 für ionisch erklärt. Vgl. Studniczka, Jahrbuch V, s. 142. — Vier Silene mit Schlauch, Kranz, Kanne, Flöte, Dreifuss um Dionysos. Die zwei Silene links hufig mit dünnem, sehr langem Fesselgelenk; schmalhüftig. Durch die übereinstimmende Bartform, die Gesichtsbildung, die abstehenden Kranzenden stehen diese Silene denen der rhodischen Amphora (6) sehr nahe.

9. Sf. Amphora, nach Panofka aus Caere. Berlin 1697. Klein und ungenau abgeb. Panofka, Parodieen und Karrikaturen, tf. I, 5 (Abh. d. Berl. Ak. 1851). Attisch, wie

die folgenden Gefässe bis nr. 12. — Zwei Maenaden in kurzem Chiton und drei menschenfüssige Silene zum Tanz antretend, ihnen gegenüber ein vierter mit Doppelflöte, deren Futteral an seinem Phallus hängt. Der vierte hat Pferdebeine, wie die Silene der Françoisvase; im übrigen der gewöhnl. attische sf. Typus.

10. Sf. Skyphos ohne Fuss, in einen Knopf auslaufend. Würzburg; Urlichs, Verzeichnis der Antikensammlung von W. III, 427. Sehr klein abgeb. Gerhard, A. V. 56, 1. — Vier Silene um den sitzenden Dionysos; der hinter dem Gott hat Pferdebeine. Sonst nichts vom gewöhnlichen Typus Abweichendes. — Das durch die seltene Form auffallende Gefäss ist sehr dünnwandig, die Zeichnung sorgfältig. Das Rot der Silensschwänze zweimal auf Thongrund.

11. Sf. Amphora. Abg. Gerhard, A. V. 52. — Drei Silene, singend und auf grossen Leiern spielend, schreiten nach rechts; auf der anderen Seite Dionysos auf Viergespann. Der mittelste der Silene, durch einen Epheukranz ausgezeichnet, hat menschliche Beine, die aber mit kurzem Zwischengelenk in Pferdehufe (nicht Stierfüsse, Gerhard) auslaufen.

12. Sf. Schale. Berlin 1766; „sehr zierlich". Stehender Silen mit Pferdefüssen. —

13. Würzburger Phineusschale. Urlichs III, 354. Abg. Mon. X, 8 (Brunn). Duhn, Heidelb. Festschr. zur Phil. Vers. 1882. Baumeister, Dkm. Supplementtf. nr. 4. Sittl, 25. Wagnerprogramm 1892. — Zwei Silene springen um das Gespann des Dionysos, zwei andere, von denen der eine einen übermässig dicken Kopf hat, beschleichen sich waschende Nymphen. Aussen vier Paare von Silenen und Nymphen, zwei in Symplegma, zwei laufend. Die Silene, soweit erhalten, sämtlich hufig; mit Ausnahme der beiden um Dionysos sind alle durch Gravierung als behaart charakterisiert. Vgl. unten, „behaarter Silen".[1]

---

[1] Eine von Helbig, Bullet. 1884, s. 168 beschriebene Vase aus

14. Sf. Amphora, einst in Castellanis Besitz. Unpubliziert, mir liegt Bause vor. Wird von Loeschcke derselben Fabrik wie die Phineusschale zugeschrieben, bei L. v. Schroeder, Gr. Götter und Heroen I, s. 91. — Rückführung des Hephäst, der auf einem Maultier ausgestreckt liegt. Hinter demselben steht Dionysos, voran schreitet ein umblickender hufiger Silen mit erhobenem rechtem Schenkel und linkem Arm, sodass seine Stellung an die des Silen vor dem Dionysosgespann der Phineusschale erinnert. Auch der Kopftypus wie dort.

15. **Chalkidische** Amphora in Leyden. Abg. Roulez, Vases de Leyde, tf. 5. In Dumonts Liste der chalkidischen Vasen nr. 1 (Céram. de la Grèce pr. s. 276), bei Klein (Euphronios, s. 65) nr. 7. — Sechs Silene und sechs Nymphen. Auf A zwei Gruppen zu dreien, auf B paarweise Nebeneinanderstellung; heftige Gesten, zum Teil obscön. Die Silene sehr plump und dickwanstig; Hufe sehr nachlässig gezeichnet, doch ist überall beabsichtigt, den Unterschenkel hinten durch einen Einschnitt von dem Hufe zu trennen; Schwänze lang, mit Strichlagen von wechselnder Richtung schraffiert, wie oft bei den Pferdeschwänzen chalkidischer Vasen. Bärte übermässig lang, meist bis zum Bauch herabreichend, und ungegliedert; knollige Stülpnasen. Die Ohren sehr hoch über den Kopf aufragend, sodass sie durch ihre Länge an Maultierohren erinnern; doch enden sie bald rund, bald spitz, sodass bei der Roheit der Zeichnung nicht zu sagen ist, ob wirklich andere als Pferdeohren beabsichtigt sind.

Vulci kann ich bei dem Mangel genauerer Kenntnis leider nicht verwerten. Sie zeigt als einziges Beispiel neben der Phineusschale die Silene hufig und behaart zugleich. — Als zur Phineusschale gehörend bezeichnet mir Herr Prof. Loeschcke, dem ich für mehrfache Nachweise und freundlichst gewährte Auskunft zu aufrichtigem Danke verpflichtet bin, eine von ihm in Florenz notierte „Schale mit Ringfuss; Augen mit Tierohren, zwischen den Augen ein hufiger Silen mit Stumpfnase und vorquellender Stirnhaut über den Augen". Der letztere Zug findet sich sehr deutlich an den Silenen der Aussenseite der Phineusschale wieder.

16. **Chalkidischer** Krater. De Witte, Catal. Durand nr. 145. Roulez, V. d. L. s. 18. Dumont nr. 2, Klein nr. 8. Zeichnung im Apparat des Berliner Museums (Furtwängler, Satyr von Pergamon s. 23, Anm. 2); mir liegt von einem Teil der Darstellung Bause vor. — Tanz von sieben Silenen und sechs Nymphen. Lebhaftere, gewandtere Bewegungen als auf 14. Nur einer der Silene, Hipos, mit Pferdehufen; im übrigen die Typen wie auf 14.

17. Sf. Amphora derjenigen Sorte, welche von Dümmler (Röm. Mitt. II, s. 171 f.) einer pontischen Fabrik, von Furtwängler (Arch. Anz. 1889, s. 51) einer griechisch-ionischen etwa in Kyme in Campanien zugewiesen wird. Urlichs III, 80. R. Mitt. II, s. 191, nr. 2. — Tanz von acht hufigen Silenen. Fesselgelenk zwischen Huf und Wade kurz und dick, bisweilen kaum angedeutet. Schwänze breit, meist bis auf den Boden reichend; bei zwei Silenen rot, bei zweien weiss gefleckt, einmal halb rot, halb weiss, sonst schwarz. Haar und Bart ungegliedert, massig; zwei Bärte weiss. Stumpfnasen. Ohren sehr breit, spitz auslaufend. Zwei Silene tragen weisse Nebris. Sehr groteske Tanzbewegungen; einer greift an den stehenden Phallus.[1)]

18. **Caeretaner Hydrien.** Dümmler, Röm. Mitt. III, s. 166 fg., nr. 7 und 8. Erstere abg. Masner, Vasen des Wiener Industriemuseums, tf. II, nr. 218: Rückführung des Hephäst, der durch verkrüppelte Füsse charakterisiert ist. Flöteblasender Silen mit Hufen; Haar massig, aber gegliedert; Keilbart.

Dümmler vindiziert der Classe ionischen Ursprung, unter anderem wegen der Silensbildung. Er reiht a. O. s.

[1)] Ueber die Amphora Gerhard, A. V. 185 äusserte sich Prof. Loeschcke mündlich, dass sie ihm im Angesicht des Originals der Dümmlerschen Classe nahe zu stehen schien, trotz abweichender Ornamentik; an den Silenen sei der Uebergang aus dem Pferde- in den Menschenfuss zu beobachten. Gerhards Abb. ist ungenügend, zeigt aber wenigstens, dass die eckigen, übertriebenen Bewegungsmotive und die massige Haarbehandlung mit der Würzburger Vase Aehnlichkeit haben.

174 eine Anzahl von Gefässen italischer Fabrikation an, auf welchen der Stil fortlebt. Die Silene auf nr. 3 (abg. s. 159), 6, 10 seiner Liste zeigen keine Verschiedenheiten von dem der Caeretaner Hydria. Dagegen ist die **nackte** Maenade auf 10 ungriechisch.

19. Sf. **lokal-campanische Amphoren.** Berlin 2128 und 2130. Auf letzterer hat der Silen einen Pferde- und einen Menschenfuss. — Lokalitalisch ist jedenfalls auch die kleine sf. Amphora Heydemann, Neapler Vasen 2524.

20. **Etruskische Monumente** zeigen vom archaischen bis zum freien Stil die Silene in der Regel hufig. Daher nur einige Beispiele: Archaischer Spiegel, Gerhard, Etr. Sp. tf. 92, 2. — Bronzesilen von Dodona, abg. Carapanos, Dodone pl. 9. Von de Witte, Gaz. arch. 1877, s. 20 für griechisch erklärt; von Brunn, Ausgr. d. Certosa s. 5 aus stilistischen Gründen und durch Vergleich mit der chiusiner Bronze Micali, Mon. ined. tf. 17, 3 als etruskisch nachgewiesen. — Sf. Amphora etruskischer Technik; Micali, Mon. ined. tf. 35, 1. —

Durch nr. 1 und 2 dieser Liste, die Gruppe der Münzen und Gemmen, werden wir sofort auf einen Umstand aufmerksam gemacht, der für die Frage nach der Art der Entstehung des hufigen Silenstypus von Wichtigkeit ist: den **Zusammenhang mit den Kentaurendarstellungen.** Für die Münzen lehrt der Augenschein, dass zuerst der nymphentragende Silen für das Rund erfunden ist und dann nicht ohne Gewaltsamkeit ein zusammengeschobener Kentaur daraus gemacht wurde (so auch Furtwängler, Satyr von Pergamon, s. 23). Genau so ist der Vorgang bei den Gemmen gewesen, denn man wird nicht zuerst auf den Gedanken gekommen sein, an einen Pferdeleib einen vollständigen Mann anzufügen und ihm dann seine Füsse durch Hufe zu ersetzen, sondern umgekehrt wurde der behufte Mann zum Kentauren verlängert; das bestätigt auch die ungeschickte Leere über dem Pferderücken. Auf ein drittes Beispiel für den gleichen

Prozess hat Dümmler (R. M. III, 170) aufmerksam gemacht, der in den behuften Menschenbeinen des Kentauren einer Caeretaner Hydria (Ann. 1863, tf. E, F) den Beweis sieht, „dass der Kentaurentypus in dieser Fabrik aus dem des Silen herausgebildet ist." In diesen drei Fällen scheint also in der That kein Zweifel zu bestehen, dass der Silenstypus das Frühere war und sich die Kentaurenbildung an ihn anlehnte. Aber es wäre verfehlt, diese Beobachtung für alle Kunstkreise zu erweitern, wogegen schon der historisch-mythologische Grund sprechen würde, dass die Kentauren die bei weitem früher aus gemeinsamen Grundvorstellungen herausdifferenzierte und eher in die Poesie eintretende Daemonenklasse sind. (Vgl. auch Abschnitt II). Zudem finden wir sie schon in Monumentenklassen, welchen die Silene noch vollständig fremd sind, auf Thonreliefgefässen (Milchhoefer, Anf. s. 75, 76), auf alten rhodischen Goldplättchen (Salzmann, Camiros tf. 1), auf einer frühattischen Vase aus Theben (Jahrbuch II, tf. 4) u. s. w. Es kann also nicht generell über die Entstehung des hufigen Silen entschieden werden, sondern wir haben uns nach den örtlichen Verschiedenheiten umzusehen.

Man pflegt ihn kurzweg als den „ionischen" Typus zu bezeichnen und weist ihm damit als seine Heimat diejenige Kunstprovinz zu, welche man im Gegensatz zu der attischen, korinthischen, peloponnesischen unter dem Namen der ionischen zusammenfasst, ohne zunächst noch in diesem weiten Gebiet (den Inseln, der kleinasiatischen Küste, Nordgriechenland) die einzelnen Kultur- und Kunstzentren — und nur diese, nicht die Stammeszusammengehörigkeit sind doch ausschlaggebend — genauer nachweisen zu können. Dass man den Typus mit Recht so benennt, zeigen durch ihre Herkunft ganz unwiderleglich die nordgriechischen Münzen (1), der klazomenische Sarkophag (6) und die rhodische Amphora (5), Monumente von unbezweifelter Authenticität. Ausser diesen hat der griechische Boden noch geliefert die

Terracottagruppe von Olympia (3) und die Münchener Bronze aus der Peloponnes (4a), welch letztere nur sehr geringe Bedeutung hat. Das Giebelakroter, mit den Münzen durch das Motiv des Nymphenraubes verwandt, haben wir schon deshalb als ein Product „altionischer Kunsttradition" (Furtwängler, Arch. Ztg. 1882, s. 346) zu betrachten, weil in den Gebieten altdorischer Kunst — in diesem stofflichen Punkte decken sich der Begriff von Stamm und Kunstprovinz genau — der Silen eine völlig unbekannte Gestalt ist, wovon noch die Rede sein wird. Zudem wissen wir, dass die Oberteile der Schatzhäuser häufig in der weihenden Stadt angefertigt wurden, wie es für das der Sikyonier (Dörpfeld, Ath. Mitt. 1883, s. 67 f.), der Kyrenaeer (Studniczka, Kyrene s. 38) und Geloer (Flasch, Baumeisters Dkm. II, 1104 e) nachgewiesen ist. Da von den Schatzhäusern, deren Stifter bekannt sind, keines von einer ionischen Stadt oder Kolonie geweiht ist, so hat die Gruppe wahrscheinlich zu einem der beiden unbenannten gehört.

Auf den Monumenten italischen Fundorts schliessen sich die Silene der Amphora nr. 8 in allen Einzelheiten eng an an die rhodische Vase nr. 5, nur dass auf ersterer bereits der menschenfüssige Typus neben dem hufigen als gleichberechtigt auftritt, und dass ausserdem die grazile Schlankheit besonders durch das dünne Fesselgelenk beinahe ins Extrem gesteigert erscheint. Dieselbe Tendenz zu schmalhüftiger, durchaus nicht plumper Bildung zeigt trotz seines unholdartigen Hauptes auch der Silen des klazomenischen Sarkophages.

Von diesen engverwandten Gestalten zu den Typen der Phineusschale (13, 14), der Dümmlerschen Vasen (17) und der Caeretaner Hydrien (18) ist nun aber ein weiter Schritt. Täppische Wildheit in den Bewegungen, grosse Plumpheit der Köpfe und eine geringe Aufmerksamkeit auf die organische Verbindung des Hufes mit dem Unterschenkel bilden einen bestimmten Gegensatz zu der künstlerischen

Auffassung bei jenen. Gemeinsam ist wenig mehr als die Hufigkeit. So gewiss dieses Charakteristikum auf Zusammenhänge mit dem griechischen Osten hinweist, so wenig kann es allein ausschlaggebend sein, wenn sich Verschiedenheiten im künstlerischen Grundcharakter finden. Inbezug auf die Dümmlersche Vasenklasse ist daher Furtwänglers Ansicht von ihrer Entstehung in den ionischen Kolonien Italiens bei weitem einleuchtender als eine problematische pontische Fabrik, zumal Dümmler selbst die engsten Zusammenhänge mit lokal-italischen Produkten nachgewiesen hat. Ebenso liegt für die Caeretaner Hydrien in der Hufigkeit der Silene ein zwingender Grund nicht vor, sie aus dem Osten importiert zu denken; auch sie können in mehr oder minder enger Anlehnung an eingeführte Vorbilder in Italien entstanden sein. In diesem Sinne äussert sich neuerdings Milliet, Études sur la céram. gr. s. 66 (Paris 1891). Soviel ist sicher, dass der hufige Silen durch die Ionier nach Unteritalien gekommen ist, hier auf den Erzeugnissen lokaler Technik ein bescheidenes Dasein fristet (19), vor allem aber durch diese Vermittlung zu den Etruskern gelangt (20), die mit besonderer Vorliebe an ihm festhalten.

Eine noch beträchtlichere Fortbildung ins Plumpe und Ungeheuerliche erfährt der hufige Silen auf den chalkidischen Vasen (15, 16), über die unten (II, 2) noch gehandelt wird. Hier nur so viel, dass ein directer Zusammenhang zwischen ihnen und den eigentlich ionischen Silenen aus dem vorliegenden Material durchaus nicht zu erweisen ist.

Als etwas ganz Neues treten uns nun aber die Silene der Françoisvase (7) entgegen, über deren künstlerisches Verdienst schon oben gesprochen wurde. Ich stehe nicht an, bei seiner Vereinzelung in diesem pferdebeinigen Typus eine originale Erfindung des Klitias zu sehen, und kann mir daher nicht ganz die Anschauung aneignen, welche in diesen Gestalten „eines der sprechendsten Zeugnisse für den Einfluss chalkidischer Kunst auf die altattische Vasenmalerei" sieht (Furtwängler, S. v. P. s. 23). Die plumpen, wanstigen Gesellen der obengenannten Vasen konnten Klitias sicher nicht die Anregung zu seiner Neuschöpfung geben und von einem etwaigen edleren Typus im Kreise der chalkidischen Kunst wissen wir nichts (s. u. II, 2). Eher berechtigt ist ein Vergleich mit der kleinen ionischen Gruppe 5, 6, 8 (A. Schneider, Goldtypen des Ostens, Sächs. Ber. 1891, s. 224). Neben dem mehr äusserlichen, sich aus der Sache ergebenden Umstande, dass der Schlauchträger und der Flötenbläser der Françoisvase auf 8 wiederkehrt, ist ihnen in der Auffassung der Daemonen die beinahe hagere Schlankheit gemeinsam, die übrigens in der ganzen attischen sf. Vasenmalerei beibehalten bleibt und auch von Myron seinem Marsyas verliehen wird. Kann somit von einer direkten Herübernahme des ionischen Typus durch Klitias selbstverständlich nicht die Rede sein, so braucht man inbezug auf das Künstlerische für die Silene der Françoisvase jenen auch nicht einmal als anregendes Moment vorauszusetzen. Höchstens fragt es sich, ob inhaltlich der Gedanke verstärkter Tierähnlichkeit der Daemonen von den Ioniern entlehnt ist, oder in Attika selbst lebendig war. Man möchte das erstere annehmen, denn auch in der alten Klasse attisch-korinthischer Vasen haben die Silene durchweg Menschenbeine, mit einer einzigen Ausnahme: auf einer Amphora im Besitz des Herrn Kramer in Koeln ist nach freundlicher Mitteilung Prof. Loeschckes einer der Silene hufig. (Da mir nähere Nachweise fehlen, ist die Vase in der Liste nicht mit aufgeführt).

Die Silene des Klitias sind nicht populär geworden; nur zweimal (9, 10) tauchen sie in offenbar bewusster Nachahmung auf. Das Problem einer strengeren organischen Durchbildung des Typus wurde von der allgemeinen Entwicklung nicht so, sondern durch Abstossen des tierischen Bestandteils gelöst, ganz im Sinne der eingangs gekennzeichneten Tendenz nach zunehmender Vermenschlichung, der es keinen Abbruch thut, wenn vereinzelt in der attischen

Vasenmalerei der Silen mit Hufen auftaucht (11, 12). Entgegengesetzt verfuhr man bei den Kentauren; hier musste der Menschenkörper mit angesetztem Pferdeleib von einem fortschreitenden Empfinden sehr bald als organisches Unding gefühlt werden, und man gelangte nur durch Vermehrung der tierischen Teile zu einem künstlerisch-harmonischen Gebilde, neben dem man noch einige Zeit den älteren Typus in mehr gedanklicher Bedeutung zur Charakteristik des menschlichsten der Kentauren, Chirons, beibehielt.

Die Loslösung der Darstellungen des hufigen Silen aus der grossen Masse der übrigen liess also erkennen, dass er bei den Joniern sehr beliebt ist, dass er in Attika vorübergehend eine neue selbständige Durchbildung erfährt und dass endlich in wenigen sicheren Fällen der Kentaurentypus sich an ihn anlehnt. Beziehungen zwischen Silenen und Kentauren bleiben noch lange bestehen. Denn die Kopftypen beider Daemonenklassen sind sich nicht nur in der sf. Malerei zum Verwechseln ähnlich, sondern auch in der rf. folgen die Kentauren, als die kahlköpfigen Silene immer beliebter werden, in zahlreichen Fällen dieser Entwicklung, ohne dass diese Glatzköpfigkeit in ihrem Wesen begründet wäre.

2. Der behaarte Silen.

Eine zweite Spielart der Silene in der archaischen Kunst ist diejenige, welche sie am ganzen Körper behaart zeigt, ähnlich dem Papposilen, der als Satyrvater im Drama durch den χορταῖος χιτών ausgezeichnet wird und in der jüngeren Kunstentwicklung auftritt entweder direkt als Bühnenperson oder in deutlich davon abhängiger Bildung (Furtwängler, Ann. 1877, s. 228). Die einschlägigen Monumente der archaischen Kunst, unter denen sich bis jetzt **keines von griechischer Herkunft** befindet, sind sehr wenig zahlreich; ich beschreibe sie wieder zunächst, indem die Nummern der vorigen Liste fortgesetzt werden.

21. Würzburger Phineusschale (= nr. 13). Aus Vulci.

Die beiden Silene des inneren Bildstreifens, welche den Nymphen nachstellen, und die vier der äusseren Seiten sind am ganzen Körper von reihenweis gestellten gravierten Punkten oder Strichen bedeckt. Bei den zwei Silenen um den Wagen des Dionysos findet sich keine Spur davon.

22. Chalkidisches Kühlgefäss (Form gleich dem bei Schreiber, Bilderatlas 77, 7 abgebildeten, nach Loeschcke ebenfalls chalkid. Gefäss), in A. Castellanis Besitz, aus Caere. Unpubliziert; sämtliche Angaben sowie eine Bause verdanke ich Herrn Prof. Loeschcke. — A. Drei Frauen, in einen und denselben Mantel gehüllt; voran ein Jüngling. B. In der Mitte eine Palme. L. kauert knieend ein menschenfüssiger Silen nach r., der die L. zum Kopf erhebt. R. entflieht eine umblickende Nymphe in kurzem, gegürteten Chiton. Der ithyphallische Silen hat dünne Stülpnase, wulstige Lippen, sehr hohes spitzes Ohr und sehr breiten, oben rundlich begrenzten Bart; Schnurrbart; über der Stirn wulstiger Haarschopf, das übrige Haar sträubt sich mähnenartig nach hinten. Der ganze Körper mit Ausnahme der Hände, der Füsse und des tierisch-spitzen Phallus ist mit parallelen Strichreihen dicht bedeckt; an den Konturen sind die abstehenden Haare durch hakenförmige Striche bezeichnet.

23. Sf. Amphora; Würzburg III, 331. Form etwa Furtwängler, Berl. V. tf. 4, 35. Aus Vulci. — A. Vier Silene mit Doppelflöte, Schlauch und Trinkhörnern um Dionysos, welchem der Silen mit Schlauch in den Kantharos einschenkt. B. Weinlese und Kelter. R. pflückt ein Silen Trauben. In der Mitte tritt ein zweiter in dem auf einem Untersatz stehenden Korbe die Trauben aus, welche ein dritter von l. in diesen hineinschüttet. L. davon bläst ein vierter die Doppelflöte, und neben ihm giesst der letzte Silen aus einer Hydria Most in einen halb im Boden steckenden Pithos. — Ueber beiden Bildern schmale Friese mit ausgelassenem Thiasostreiben.

Die Vase hat stark durch Putzen oder Corrosion gelitten (vgl. Sittl, 25. Wagnerprg. s. 22), sodass fast überall der Thongrund geschwunden ist und das Gefirnisste reliefartig über ihn hervorsteht. Völlig intakt sind einzig die zwei Silene hinter Dionysos (A), welche sich umschlungen halten genau wie die Maenaden auf der Vase des Amasis Wien. Vorl. 1889, tf. III, 2; bei ihnen allein sind an Bart, Schweif und Phallus noch Reste von Rot vorhanden. Der jenseitige von ihnen ist, wieder mit Ausnahme von Händen, Füssen und Phallus, mit horizontal laufenden, gravierten Strichen bedeckt, während sein Gefährte glatt ist. Alle übrigen Silene sind ebenfalls mit gravierten Punkten und Strichen bedeckt, aber in so regelloser Weise, dass mir vor dem Originale kein Zweifel blieb, dass dies moderne Zuthat ist. Die Silene der oberen Streifen zeigen keinerlei Andeutung von Behaarung. — Die Köpfe mit Stülpnase und breitem, rundlich auslaufenden Ohr. Bärte sämtlich graviert, desgl. wellenförmige Haarlinien über der Stirn; Scheitel- und Nackenhaar ehemals rot.

Die Zeichnung ist sehr sicher, sorgfältig und geistreich; nicht in die Klasse der attischen sf. Vasen gehörig. Vgl. zu 24.

24. Sf. Amphora; München 685. Aus Vulci. Der Bauch ist von ungewöhnlicher, kugeliger Form; untere Hälfte schwarz, nur von zwei thongrundigen Streifen, denen je zwei rote parallel laufen, unterbrochen; keine Strahlen. Bild auf der oberen Hälfte unter den Henkeln fortgesetzt. Hals kurz, mit stehendem Lotosornament.

A. Dionysos in Mitte von sieben Silenen. B. Neun Silene in lebhaften Stellungen. — Die Silene weichen in nichts von dem gewöhnlichen sf. Typus ab, mit Ausnahme von zweien. Bei demjenigen, welcher dem Gott gegenübersteht, ist der ganze Körper und das Gesicht mit unregelmässigen Strichen graviert, bei einem zweiten links davon nur Brust, Bauch und vordere Hälfte des Oberschenkels.

Furtwängler (S. v. P. s. 23, Anm. 2) fasst 23, 24 und

den jetzt bei Masner, Vasen des Wiener Industriemuseums nr. 215 publizierten Deinos zu einer Gruppe zusammen, die er „späterer chalkidischer Fabrikation" zuschreibt. Masner vindiziert dem Deinos (Tanz von elf Silenen; „bei einigen auf den Schenkeln Haarbüschel") vielmehr ionischen Ursprung, indem er ihn mit der rhodischen Amphora (oben nr. 6) vergleicht und der von Studniczka, Jahrbuch V, 142 behandelten Klasse zuteilt, entschieden mit mehr Recht. Nach Loeschcke (brieflich) entspricht 23 ebenfalls ionischer Art. — Die Münchener Amphora (24) steht ganz isoliert und wird mit dieser Gruppe kaum durch mehr als die Behaarung der Silene verbunden. Andrerseits erinnert die Verschiebung des Bildes auf die obere Bauchhälfte, das Umlaufen desselben und vor allem die kleineren Füllfiguren unter den Henkeln (zwei davon mit Kränzen in der Hand) auffallend an die von Jahn als „affektiert archaisch" bezeichnete Klasse. Jedoch ist weder der Firniss so elegant, noch die Ausführung so sorgfältig.

25. Sf. Psykter aus Vulci. Vases in the Brit. Mus. I, 596*. Die Form, auf welche verwiesen wird, ist vielmehr eine Amphora wie 23 und 24. — A. Dionysos, gegenüber ein klein gebildeter, tanzender Silen. R. ein Silen, der sich über einen wegspringenden Hasen beugt. L. Maenade und zwei Silene. Diese alle, ausser dem zwerghaft gebildeten, „are covered with hair which is represented by stippling the clay with the point of the graver". — B. Theseus tötet den Minotauros, welcher ebenfalls am ganzen Leibe getüpfelt ist. — „Very elaborate and affected stile", also wohl zu der „affektiert archaischen" Klasse gehörig; Hasen in Verbindung mit Silenen finden sich sonst im sf. Stil nicht.

26. Sf. Schale; Petersburg, Sammlung Campana. Stephani 216. „Sorgfältiger Stil". Zweimal Dionysos zwischen drei Silenen und drei Maenaden. Drei der Silene als „Seilenopappos" gebildet; der Beschreibung nach scheinen zwei davon mit gewöhnlichen Silenen gekoppelt zu sein, wie auf 23.

27. Sf. Oinochoe mit gelbweissem Grund, aus der Sammlung des Fürsten von Canino (also wohl aus Vulci). Frankfurt a/M., Staedelsches Institut nr. 70. — R. lagert auf dem Boden Dionysos; auf ihn zu ein behaarter Silen (Füsse glatt) mit Kanne; hinter diesem ein gelagerter umblickender Mann (Herakles?); von l. auf diesen zuschreitend ein gewöhnlicher leierspielender Silen.

28. Sf. Schale; Florenz, Museo Etrusco. Ehemals bei Campana. Abg. Heydemann, 3. Hall. Winckelmannspr. tf. II, 3; s. 95, nr. 50. — A. Auf einem pflugartigen, mit Wollbinden geschmückten Gerät, das von acht nackten, meist ithyphallischen Männern getragen wird, steht vornübergebeugt ein durch paarweis gesetzte Striche als haarig bezeichneter Silen, auf dessen Rücken ein Mann mit Kentron und Trinkhorn reitet. B. Dasselbe; an Stelle des Silen ein dickbäuchiger Mann aufrecht stehend. — Ueber die Deutung siehe unten II, 3.

29. Sf. Skyphos ohne Henkel, „di disegno trascuratissimo"; Bologna. Zur Hälfte abg. Brizio, Vasi del museo civico di Bologna, tf. I, 4, s. 30. — Dionysos und zwei Silene im Schiffswagen; voran vier Frauen und vier Silene, von denen zwei als „satiri vellosi" beschrieben werden.

30. Sf. Schale aus Vulci. München 605. — Zwischen grossen Augen jederseits ein flöteblasender Silen in Vorderansicht auf einem niedrigen, gepolsterten Untersatz (nicht Felsblock, Jahn) sitzend. Er trägt Schuhe, die das eine Mal rot gemalt sind. Auf der einen Seite ist sein Leib mit graden, auf der andern mit hakenförmig gekrümmten Strichen bedeckt; auf die letztere Art pflegt der rf. Stil den Papposilen zu bezeichnen.

31. Graffito eines Bronzehelms. Berlin; aus der Sammlung Bartholdy, also wohl italischen Fundorts. Abg. Gerhard, Ant. Bildw. 56,2 = Baumeister, Dkm. Suppltf. nr. 8. — Auf Knieen und Händen nach l. kriechender Silen. Nur Hände, Hals, Phallus und Füsse von Gravierung frei. Spitzer Bart,

spitze Ohren, die inwendig ebenfalls behaart sind, Binde im Haar, langer Haarschopf in den Nacken; hochgeschwungener Pferdeschwanz. — Der Stil steht an der Grenze des Archaismus. —

Es fragt sich, ob diese Monumente, von denen keines aus Griechenland selbst stammt, uns berechtigen, von einem archaischen Typus des haarigen Silen zu sprechen. Sie sind mit Ausnahme von 31 so angeordnet, dass sie zunehmend an Gewicht für die Bejahung dieser Frage verlieren. Die Münchener Augenschale (30) giebt dem Silen Stiefel, wie sie allgemein üblich erst bei den Papposilenen des malerischen Stils werden und vereinzelt auch schon auf strengrf. Vasen auftauchen (Gerhard, A. V. 57,2. München nr. 332), wie sie aber auf sf. Vasen ganz ungewöhnlich sind. Das Sitzen auf einem gepolsterten Schemel, vor allem aber die völlig entsprechend dem späteren Zottelgewande charakterisierte Behaarung lassen keinen Zweifel übrig, dass wir es mit einem ganz späten Produkte des sf. Stils zu thun haben und hier der jüngere Papposilenstypus eingewirkt hat. Ebenso gehören der Bologneser Skyphos (29) und die Florentiner Schale (28) einer Gruppe von Gefässen an, in denen eine dem Gedankenkreis der alten sf. Malerei fernliegende Auffassung hervortritt, und in der wir mit Notwendigkeit jüngere Erzeugnisse zu erkennen haben (Näheres unten II, 3). Die weissgrundige Oinochoe (27) kann schon ihrer Technik nach (erst nach Nikosthenes; Loeschcke, Ath. Mitt. 1880, s. 380; Arch. Ztg. 1881, s. 34 fg.) keinen Anspruch darauf machen, für den Typenvorrat des eigentlichen Archaismus verwertet zu werden. Ueber die Petersburger Schale (26) ist leider aus der Beschreibung allein kein Urteil zu gewinnen. Dagegen ist das Londoner Gefäss (25), falls es zu jener affektiert archaischen Klasse gehört, nicht nur von Brunnschem Standpunkt aus für hohes Alter des Typus nicht verwertbar, weil eine sichere Datierung einstweilen nicht möglich scheint (Urlichs, Beiträge zur Kunstgesch. s. 21). Auch die Münchener Amphora (24) bleibt bei der Unsicherheit ihrer kunstgeschichtlichen Stellung besser aus der Untersuchung fort. Denn es kommt hier hinzu, dass von einem gefestigten Typus des behaarten Silen nicht die Rede sein kann, wenn die, zudem noch sehr regellose, Tüpfelung das eine Mal nur halb ausgeführt wird, das andere Mal sich sogar auf das Gesicht erstreckt, was sonst niemals vorkommt.

Müssen wir also diese Monumente sämtlich bei seite lassen, so bildet der kleine Rest der Vasen (21—23) eine um so geschlossenere Gruppe, die durch den Helm (31) eine erwünschte Ergänzung erfährt. Sie ermöglicht uns, von einem ionisch-chalkidischen Papposilenstypus zu sprechen. Der Silen der chalkidischen Vase (22) teilt mit denen der Phineusschale die dicke Plumpheit des Kopfes, die wulstigen Lippen (bei der Phineusschale besonders an den unpublizierten Gestalten der Aussenseite deutlich), das über den Kopf aufragende Ohr, endlich vor allem die Situation der Liebesverfolgung. Auch sind die Palmen, welche die Nymphen von ihren Verfolgern trennen, auf beiden Vasen sehr ähnlich stilisiert. Der Silen des Bronzehelms, obwohl in der Ausführung entschieden jünger, wird mit der chalkidischen Vase nicht nur durch die Aehnlichkeit der Stellung verbunden, die vielleicht ebenfalls für die Scene einer Nymphenbeschleichung erfunden war, sondern vor allem durch die Art, wie die Behaarung an Hals, Hand- und Fussgelenk sehr präcis absetzt. Analog sind ferner die Schwingung des spitzen Ohres nach vorn und die ungewöhnliche Stilisierung des Phallus, der, nach einer Ausbauchung am unteren Ende, spitz zuläuft, Uebereinstimmungen, die bei der Seltenheit des Papposilenstypus unmöglich zufällig sein können. Ich zögere nicht, den Helm als chalkidisch anzusprechen, um so weniger, als wir ja genug von chalkidischer Bronzearbeit wissen (s. u.). Mit einiger Sicherheit lässt sich diesen Monumenten nun auch die Würzburger Amphora (23), die von Loeschcke aus allgemeinen Erwägungen provisorisch als

„ionisch" bezeichnet wird, anreihen, wenn auch in charakteristischen Einzelheiten des Typus keine Uebereinstimmung herrscht. Wichtig ist diese letztere Vase besonders für die Frage nach der Entstehung des zottigen Typus. Hier hat ganz offenbar ein aus der Vasentechnik sich ergebender Grund die Behaarung des Silen herbeigeführt, nämlich das einfache künstlerische Bedürfnis, die beiden gekoppelten schwarzen Körper auf irgend eine Art von einander loszulösen, was Amasis auf dem weiblichen Gegenstück der Gruppe durch verschiedenartige Musterung der Gewänder erreichte. Dasselbe ist, wenn mich Stephanis Beschreibung nicht irre führt, bei gekoppelten Silenen der Fall auf der Petersburger Schale (26), wo dann die aus Not gefundene Variante des gewöhnlichen Typus auch auf einen allein stehenden Silen ausgedehnt wird. Eine bestätigende Parallele für die Zugabe der Zotteln aus rein technischen Gründen liefert eine jüngere Stilgattung. Unter den kleinen schwarzen Gefässen meist athenischen Fundorts, auf welchen der Bildschmuck graviert und mit Rot und Weiss aufgemalt wird, befindet sich in Berlin (Furtwängler 2243) eines, auf welchem die umrissene Gestalt eines Silen über den ganzen Körper mit farbigen Punkten bedeckt ist. Es ist klar, dass die Betüpfelung aus dem Bedürfnis entsprang, die schwarze Silhouette zu beleben, wozu dem Maler das Rot (oder Weiss; jetzt verblasst) von Haar, Bart und Schwanz diesmal nicht genügte; sonst pflegen die Silene in dieser Klasse schwarz zu bleiben. Aehnlich hat vielleicht auch der Maler der Londoner Vase (25) aus einer äusseren Veranlassung seine Silene getüpfelt: der Minotaur der Gegenseite ist als ein rechter Unhold über und über behaart, und eine Uebertragung auf die Silene konnte sich daraus wie von selbst ergeben.

Andrerseits ist für die beiden Vasen 21 und 22 durch den Vergleich mit dem Helm die Abhängigkeit von Metallvorbildern ziemlich sicher, zumal den letzteren dieses Mittel der Charakterisierung sehr viel näher lag. Eine bestätigende Parallele bieten die Kentaurendarstellungen. Ein sehr altertümliches, mit Tangenten-Kreis-Ornament verziertes Bronzeblech aus Dodona (Carapanos, Dodone tf. 19, 5) zeigt einen nur halb erhaltenen Kentaur, dessen menschliche Vorderbeine bis zu den Knöcheln behaart sind. Auf einem alten Skyphos aus Korinth (J. h. st. I, tf. 1) und der ebendaher stammenden „protokorinthischen" Lekythos Berlin 336 (Abg. Arch. Ztg. 1883, tf. 10, 1; s. 153 fg. Furtwängler) sind ebenfalls die Menschenleiber der meisten Kentauren dicht behaart. Die Einwirkung der Metalltechnik auf die Vasentypen ist um so weniger zu bezweifeln, als sie auch in der Ornamentation der Gefässe von Furtwängler nachgewiesen ist. — Dass weiterhin auch diese Typen der Kentauren mit den Papposilenen, wie oben mit den hufigen, Zusammenhänge unter sich haben, ist sehr wahrscheinlich, wenn man angesichts der beiden angeführten Gefässe bedenkt, wie leicht durch Loslösung des ohnehin scharf abgegrenzten Pferdekörpers aus dem Kentauren ein Papposilen werden konnte — und umgekehrt. Welches der Vorgang war oder ob beide Fälle vorgekommen sind, ist einstweilen zu entscheiden unmöglich.

Wenn somit vielleicht technische Gründe fast das beste Teil zur Entstehung des behaarten Silenstypus beigetragen haben, so erscheint in ihm doch auch der mythische Begriff der Silene nach der Seite der tierischen Wildheit beträchtlich gesteigert, sodass sie uns nicht mehr wie die Vertreter einer heiteren, wenn auch derben Lebenslust, sondern wie rauhe Waldmenschen anmuten. Dass wir es im chalkidischen Kreise in der That wahrscheinlich nicht mit Folgern des Dionysos, sondern mit Naturdaemonen von selbständiger Bedeutung zu thun haben, wird unten gezeigt werden. Die geringe Zahl unserer Monumente beweist, wie rasch man auch diesen roheren Typus aufgegeben hat. Eine Nachwirkung desselben kann man in den wenigen Ansätzen zur

Behaarung auf dem Wiener Deinos (Masner 215) oder in dem behaarten Bauch des Silen auf der rhodischen Amphora (6) sehen. Bauchhaare kommen gelegentlich auch auf attischen Vasen vor (z. B. auf der Amphora des Nikosthenes, W. Vorl. 1890/91, tf. II, 1.). Aber der archaische Papposilen fehlt anscheinend in Attika völlig. Hier nimmt eine jüngere Zeit zuerst auf der Bühne, dann in der Kunst in ganz anderem Sinne die Rauhheit wieder auf, nicht als Charakteristikum erschreckender Wildheit, sondern zur Bezeichnung des gutmütigen, aber etwas vertierten Trinkers und Schlemmers, wie man denn die Beobachtung gemacht hat, dass weichliche und feiste Männer zu stärkerer Behaarung des Körpers neigen (Wieseler, Satyrspiel s. 128).

II.
Die Kunstgebiete.

Die gesonderte Betrachtung der beiden älteren Typen des Silen hat, wie ich hoffe, zu einem klareren Ueberblick über das Vorkommen derselben geführt, als wenn sie zerstreut in den Zusammenhang der einzelnen, örtlich trennbaren Kunstentwicklungen eingereiht worden wären, bei deren Besprechung sie jetzt an ihrer Stelle wiederkehren müssen. Indem wir uns nun nach dem Auftreten der Silene innerhalb der einzelnen Kunstgebiete umsehen, wird neben ihrer künstlerischen Typik auch ihre mythische Bedeutung und Auffassung eine erhöhte Aufmerksamkeit beanspruchen. Auch in der Kunst lassen sich noch die Nachwirkungen der von der vergleichenden Mythenforschung festgestellten Thatsache erkennen, dass die Silene anfänglich keineswegs die Begleiter des Dionysos, etwa als Emanation seines Wesens, sondern dass sie ursprünglich freie Dämonen der belebten Natur sind, die sich aus der grossen Familie der indogermanischen Windgeister losgelöst haben. Kentauren, Silene, Satyrn, Pane, unter sich eng verwandt, sind von verschiedenen Forschern als wesensgleich mit den indischen Gandharven einerseits, andrerseits mit den Elben und wilden Leuten der nordischen Sagen nachgewiesen worden, und es kann kein Zweifel mehr sein, dass ihre ursprünglichste Wesenheit in einer mythischen Personification der bei Wind und Wetter sich in der Luft abspielenden Vorgänge bestand (Mannhardt, Antike Wald- und Feldkulte. E. H. Meyer, Indogerman. Mythen I, s.

225 und passim. L. v. Schroeder, Griech. Götter und Heroen I, s. 69 ff). In den mannigfaltigsten Ausgestaltungen bleiben ihnen allen gewisse Grundeigenschaften gemeinsam, Lüsternheit, Trinklust, Liebe zu Musik und Tanz, auch zur Jagd, Heilkunde, Weissagungsgabe, endlich die theriomorphisierte äussere Erscheinung. Aus den Windwesen werden durch Differenzierung bei den einzelnen Völkern und Stämmen nach und nach Berg-, Wald- und Wassergeister, Vegetationsdämonen und Hauskobolde. Satyrn und Pane lösen sich in Griechenland als Dämonen der Berge und Schluchten los, während die Silene in ihrem phrygisch-lydischen Zweige (Marsyas) und im Italischen, nicht aber in Hellas selbst, als Quelldämonen gefasst werden. Bis wie weit in Griechenland die Silene vor ihrer Vereinigung mit dem Kreise des grossen Fruchtbarkeitsspenders Dionysos, aus dem sich erst allmählich der spezielle Weingott entwickelt, bereits zu Dämonen der Vegetation individualisiert waren, ist schwer zu sagen. Genug, dass älteste Poesie (Hym. hom. in Ven. IV, v. 262) und Kunst (s. u.) sie uns noch in dieser weiteren Bedeutung vorführen, wie sie andrerseits auf einer jüngeren Entwicklungsstufe, seit der Kunst der hellenistischen Zeit, wieder von Dionysos getrennt und zur, poetischen Belebung der Natur verwendet werden.

Jonien, Chalkis und was man mit ihm in Zusammenhang bringt, vornehmlich aber Attika sind die Kunstprovinzen, in welchen die Silene ihre Hauptrolle spielen, während sie, wie schon erwähnt, den dorischen Stämmen auch ihrem mythischen Begriff nach in älterer Zeit völlig unbekannt sind (Furtwängler, S. v. P. s. 24). Dem scheint einigermassen zu widersprechen, dass ihre allernächsten Verwandten, die Satyrn, aus der nordöstlichen Ecke der Peloponnes stammen und, wie leicht näher nachzuweisen ist, nicht nur ihrer künstlerischen Typik, sondern überhaupt ihrem mythischen Begriff nach von dort erst durch Pratinas von Phlius mitsamt der ausgebildeten Kunstform des Satyrspiels nach

Attika gebracht worden sind. Aber ihre erste Einführung in die peloponnesischen Anfänge des Dramas fällt in diejenige Zeit, wo die Tyrannen jener Gegenden, besonders Kleisthenes von Sikyon, die herrschenden dorischen Geschlechter unterdrückten und, indem sie den Einfluss der numerisch stärkeren vordorischen Bevölkerung hoben, auch deren Kulte und Mythen zu grösserer Bedeutung brachten; wir können somit die Satyrn mit Sicherheit als Eigentum der bäuerlich lebenden, achaeisch-aeolischen Volkselemente ansehen. — In Attika tritt der Bockstypus der Bühnensatyrn niemals eigentlich in die bildende Kunst ein (Furtwängler, Ann. 1877, s. 449), von vereinzelten Ansätzen dazu abgesehen (z. B. Stackelberg, Gräber der Hell. tf. 21; schönrf. Amphora aus Athen).

Dagegen scheint den Joniern Attikas das Verdienst zuzuschreiben zu sein, die **Vereinigung des Dionysos mit den Silenen** vollzogen zu haben. Jedenfalls ist es nicht der ursprünglich thrakische, von rasenden Frauen im Orgiasmus verehrte Dionysos, mit dem zuerst die Silene als wesensverwandte Gestalten verknüpft werden, sondern der mildere Vegetationsgott, der als Lysios, Meilichios, Phallen namentlich in Attika, Naxos und Sikyon in Doppelkulten neben jenem anderen verehrt wurde, und den man als den echt hellenischen Doppelgänger des thrakisch-thebanischen Gottes erkannt hat, mit dem er allmählich verschmilzt (Voigt in Roschers Myth. Lex. I, sp. 1061 f. Rapp, Bezieh. des Dionysoskultes zu Thrakien, s. 13). Auch erscheinen die Silene und Nymphen — von solchen, nicht von Maenaden haben wir inbezug auf Kunstdenkmäler in ältester Zeit immer zu sprechen — nicht als auf Grund theologisch-kultureller Gedanken ihm beigegeben, sondern rein aus der mythisch-poetischen Naturanschauung heraus, die, wie dem Poseidon die Meerwesen, so alles dämonische Leben auf dem festen Lande dem grossen Fruchtbarkeitsspender unterwirft.

Wenn wahrscheinlich den ersten Gedanken des Thiasos, so haben ganz ohne Zweifel die Attiker die eigentliche Verwertung des in ihm ruhenden poetischen und künstlerischen Kapitals als ihr Verdienst in Anspruch zu nehmen. Was wir in älterer Zeit an Darstellungen ausserhalb Attikas, vornehmlich jenseits des aegaeischen Meeres finden, zeigt in seiner Vereinzelung wohl ein individuelles Gepräge, aber nicht die Anzeichen, dass es in den gesetzmässigen Zusammenhang einer grossen Entwicklung gehört. Noch weniger kann es den Anspruch erheben, als notwendige Vorstufe zu dem attischen Thiasos betrachtet zu werden. Indem im folgenden alles Nicht-attische vorangezogen wird, ohne besondere Rücksicht auf das ohnehin schwierige chronologische Verhältnis der Monumente untereinander, wird sich das Bild des attischen Thiasos in der archaischen Kunst nachher um so schärfer zeichnen lassen.

1. Kleinasien und Nordgriechenland
ohne die Chalkidike. (Jonisches Kunstgebiet).

Die archaischen Silensdarstellungen, welche aus diesem Gebiete bisher bekannt geworden sind oder sich mit Sicherheit dorthin beziehen lassen, sind von sehr geringer Anzahl. Ich beginne mit dem einzigen Monumentalwerke.

Altertümlicher Marmorfries von Xanthos, jetzt im Brit. Museum. Synopsis of the contents, nr. 2—8. Teilweise, noch ohne die Platten mit den Silenen abg. Fellows, Account of the discov. in Lycia, London 1841, nach s. 174; vollständig abg. und in die richtige Ordnung gebracht Prachow, Ant. Monum. Xanth. tf. 6, a—g. Brunn — Bruckmann, Dkm. nr. 104. — Die Mitte wird von der Gruppe des einen Hirsch zerfleischenden Löwen eingenommen; letzterem folgt rechts ein Panther. Hinter diesem, aber nach aussen gewandt, ein Stier, der von einem im Knielauf gebildeten, nackten Silen (fragmentiert) mit über dem Haupt geschwungenem, gewaltigen Baumstamm angegriffen wird. Links von der Mitte schreiten ein Eber und ein Luchs nach aussen, denen ein Silen mit Baumstamm in der gleichen Stellung wie der andere, nur in Gegenbewegung, entgegenstürmt. Dem Stil nach gehört der Fries an das Ende der Reihe der altertümlichen Bildwerke von Xanthos. Die Körperbehandlung der Silene ist weich und voll, wie sie diesem laxen Archaismus eigen ist; Bart und Nackenhaar rundlich begrenzt, Ohr spitz und verhältnismässig klein. Das Knielaufschema ist sehr gewaltsam dem oblongen Raum angepasst.

Von dionysischer Bedeutung findet sich keine Spur. Die Silene sind wilde Dämonen, die mit Waffen, wie sie ihnen der Wald liefert, gegen reissende Tiere kämpfen, unter die auch das einzige gezähmte, der Stier, seiner aggressiven Natur wegen sehr wohl passt; zudem ist er ein stehender Bestandteil der orientalischen Tierreihen. Die Silene treten ausser in diesem Beispiele niemals als wirkliche Jäger auf (Furtwängler, S. v. P. s. 9), wohl aber ist die Jagdlust eine bezeichnende Eigenschaft der Kentauren und Pane, wie überhaupt der Winddämonen. Dass sich an der Grenze des Griechentums dieser Zug auch für die Silene erhalten hat, ist vielleicht ein Anzeichen, dass sie hier überhaupt auf einer älteren Stufe stehen geblieben waren als irgendwo anders. Genaueres wird sich für diesen singulären Fall einstweilen nicht feststellen lassen; das Zeugnis gewinnt aber durch den monumentalen Charakter des Bildwerkes eine besondere Bedeutung.

Die Münztypen von Thasos und seinem Hinterlande (oben s. 2) schildern uns höchst wahrscheinlich die Silene ebenfalls als freie Wald- und Bergdämonen. Denn auffallenderweise fehlt auf den älteren Stücken jegliches bacchische Attribut, auch bei dem mit leeren Händen laufenden Silen der oben angeführten Kleinstücke, wie es bei den Typen der benachbarten chalkidischen Städte (s. u.) regelmässig vorhanden ist. Dass wir es in der That zumal bei dem nymphenraubenden Silen nicht mit einem mythischen Vertreter bacchischen Kultes zu thun haben, wie in den numismatischen Handbüchern in der Regel angenommen wird, lehrt folgende Erwägung. Dem orgiastischen thrakischen Dionysos sind nur weibliche Verehrer und deren mythische Abbilder, die Nymphen-Ammen eigen (vgl. Voigt in Roschers Lex. sp. 1035 f.), die Silene spielen weder in seinem Kulte noch in den von ihm ausgehenden Einführungssagen irgend eine Rolle. Aus dem thrakischen Bacchuskulte die thasischen Münztypen erklären zu wollen, geht also nicht an. Die Insel selbst aber war in der älteren Zeit nichts weniger als weinberühmt. Die parischen Kolonisten wurden, wie ehemals die Phönizier, nur durch die reichen Goldminen gelockt, und Archilochos nennt die Insel „einen Eselsrücken, mit wildem Wald umkränzt." Erst beträchtlich später wurde auch der Weinbau zu einer Quelle des Reichtums (Busolt, Gr. Gesch. I, 317—319) und nun erscheint (seit dem Ende des 5. Jh.) ein epheubekränzter Dionysoskopf auf den Münzen. Jene Silene und Nymphen aber, deren Darstellungen weit ins 6. Jh. hinaufreichen, sind die freigeborenen Berg- und Waldwesen, welche sich auf der bergigen Insel und in dem sehr waldreichen Küstenstrich — noch in später Zeit lieferte diese Gegend geschätztes Bauholz; Neumann-Partsch, Phys. Geogr. v. Griech. 364; 372 — den Ansiedlern, deren Wohlstand von dem Inhalt der Berge abhing, ganz besonders zur Verehrung aufdrängten. Religiöse Momente sind für die Münzbilder der älteren Zeit vorwiegend massgebend (Gardner, Types s. 41 f.); für den Kult der Nymphen ist auch an die archaischen Reliefs von einem Quellheiligtum zu erinnern. Ganz entscheidend aber für unsere Deutung ist der Umstand, dass in Lete neben den silenesken Typen in gleicher Geltung die aus diesen zurechtgemachten Kentauren auftreten, diese nun ganz sicher bergbewohnende Unholde, die mit Bacchischem noch nicht die entfernteste Beziehung haben.

Für das Künstlerische der Silensmünzen ist bereits gesagt, dass nur die ältesten und rohesten Stücke den hufigen Typus zeigen, und dass auch der Schwanz unter Umständen fortgelassen wird, wohl mehr aus Nachlässigkeit des Stempelschneiders, als um eine Variante des mythischen Grundgedankens damit auszudrücken. Unter den beiden Haupttypen wird das parataktische Schema der Liebeswerbung, wie es scheint, früh aufgegeben, wogegen die Gruppe des Nymphenraubes nach und nach eine immer feinere Durchbildung erfährt, deren Endpunkt etwa die schönen bei Gardner, Types III, 28; Brit. Mus. Cat. Thrace s. 218, 29 abg. Exemplare sind. Die Zwischenstufen werden durch Stücke wie Brit. Mus. Cat. Thrace s. 216, 2; 218, 24 vertreten. Bemerkenswert ist noch, dass die Silene auf den jüngsten Stücken kahlköpfig sind, während sie anfänglich wulstiges, weit in den Nacken fallendes Haar tragen. Vielleicht hat hier der attische Silen eingewirkt, der schon im strengrf. Stil gern mit Glatze gebildet wird; Athen übt seit dem ersten Drittel des 5. Jh. die Oberherrschaft über Thasos aus.

Diesen nordgriechischen kann eine auf Thera gefundene Münze (Gardner, Types III, 19) angereiht werden, die den ohne Zweifel ältesten auf Münzen vorkommenden Silenskopf zeigt. Zur Behandlung des Nackenhaares erinnert Gardner an die Frisur des Apoll von Tenea; nicht minder hocharchaisch ist der spitze Vollbart. Die Nase ist nicht stumpf sondern gerade, wie bei den attischen Silenen (Françoisvase) und „die dicken Lippen geben trotz der Altertümlichkeit der Arbeit dem Gesichte etwas von satyrhaftem Ausdruck" (Gardner). Die Zuweisung der vereinzelt stehenden Münze an die Insel Naxos ist nicht ganz sicher und wohl hauptsächlich wegen des alten Dionysoskultes dort geschehen. Dass der Silen jedoch schon in bacchischer Bedeutung zu nehmen sei, ist bei dem Mangel eines Attributs, sogar der Bekränzung, sehr zweifelhaft; vielmehr wird man auch hier an selbständige Geltung des Dämons zu denken haben, denn zur Anspielung auf Dionysoskult pflegt man in so alter Zeit den Gott selbst und unzweideutige Symbole zu wählen.

Abermals in nichtdionysischem, aber auch von dem

Bisherigen abweichenden Sinne findet sich der Silen auf dem Sarkophage von Klazomenai (oben s. 4). Er steht an vornehmster Stelle, unmittelbar neben dem Haupt des Toten und macht mit der L. die unheilabwehrende Handbewegung des abominari (vgl. Dilthey, Arch.-epigr. Mitth. aus Oestr. I, s. 63, Anm. 4. v. Duhn, Ann. 1879, s. 143). Auch ohne die apotropaeischen Hähne auf der oberen Randleiste könnte seine Bedeutung als ein gleiches Symbol nicht zweifelhaft sein, (so auch Loeschcke, Aus der Unterwelt, Dorp. Prgr. 1888, s. 12), wie die Silene häufig in diesem Sinne am Töpferofen (München 731) und auf Schilden (Klazom. Sarkoph. Ant. Dkm. d. J. I, tf. 44; 46, 2. Auf sf. Vasen sehr oft) verwendet werden. Vgl. überhaupt Jahn, Böser Blick s. 67. Diese Bedeutung hängt mit der Koboldnatur zusammen, die vielen ehemaligen Windwesen eignet und sich den Menschen bald hilfreich (Pan bei Marathon. Marsyas den Kelaenaeern gegen das Galaterheer helfend, Paus. X, 30, 9), bald unheilvoll erweist (Der panische Schrecken. Ein schädlicher Satyr Apollod. II, 1, 2. Mehr bei Preller-Plew, Gr. M. I, 600). Directe Seitenstücke zu diesen Zügen bieten die Gestalten des neugriechischen Volksglaubens (B. Schmidt, Volksleben der Neugriechen s. 153 f.) und die bocksgestaltigen Korn- und Feldgeister des Nordens (Mannhardt, Wald- und Feldkulte I, 159).

Für den Silen des klazomenischen Sarkophags mag nochmals darauf aufmerksam gemacht werden, wie die gewaltige Pferdemähne ihn zu einem rechten Unhold stempelt und wie er dadurch äusserlich den älteren Vorstellungen von unheimlichen Windwesen näher steht, als irgend eine andere Silensdarstellung. Bei dem sehr zerstörten Zustande, in dem sich die kleinen Silene als Schildzeichen auf den anderen Sarkophagen befinden, ist leider über die künstlerische Fortbildung des Typus nichts zu sagen. —

Mit der Amphora von Kameiros (oben s. 5) sehen wir nun die Silene in den bacchischen Kreis treten. Die

Bekränzung und der Weinkrug lassen keinen Zweifel darüber. Die gleiche Gruppierung um ein Gefäss findet sich auf einer **Vasenscherbe von Kyme** in der Aeolis (Röm. Mitt. 1888, tf. 6; Dümmler), auf welcher als Erweiterung noch rechts eine Nymphe mit Kränzen in den Händen erhalten ist. Die Silene sind menschenfüssig und der vollständig erhaltene ist nur durch den struppigen Pferdeschweif als solcher charakterisiert, während der Bart, die Nase und sogar das Ohr vollkommen menschlich gebildet sind, eine Verflachung des Silenstypus, die zu dem eigentümlich laxen Stil der Scherbe wohl stimmt. Obwohl der merkwürdige Haarschopf des Silen sich bei den Wagenlenkern der klazomenischen Sarkophage wiederfindet, hat der Silen mit dem dort auftretenden Typus gar nichts gemein; mit den Silenen der rhodischen Amphora teilt er wenig mehr als die Gruppierung, aber dahin verändert, dass auf der Kyme-Scherbe eine Art Tanz um das niedrige Gefäss ausgeführt wird, während jene die hohe Amphora an den Henkeln packen. Dies Tragen oder Halten eines grossen Gefässes findet seine directe Parallele auf der alten Münze einer unbekannten, wohl nördlichen Stadt (Gardner, Types III, 6), wo es zwei bekleidete Frauen ausführen, die kaum bacchisch, sondern als Nymphen zu fassen sind; ein Zusammenhang der Typen wäre nicht ausgeschlossen. Weniger einleuchtend erscheint es mir, wenn Dümmler (a. O. s. 162) für die Gruppe der Kyme-Scherbe an ähnliche Motive auf korinthischen Vasen (etwa Dumont, Céram. s. 239, fg. 50) erinnert und „von gemeinsamer Quelle in Kleinasien" spricht. Hier handelt es sich fast immer um ein Schöpfen oder um ein ruhiges Stehen um das Gefäss, wie in abermals veränderter Weise auf kyrenaeischen Schalen und Buccherogefässen. Wenn ein so leicht zu findendes Motiv in ganz verschiedener Ausgestaltung mehrmals auftritt, dürfte bei der Konstatierung gegenseitiger Beeinflussung grosse Reserve geboten erscheinen.

Damit erschöpft sich der Vorrat von Monumenten griechischen Fundorts aus dem ionischen Kunstgebiet. Was sich von italischen Funden ihnen mehr oder weniger eng anreiht, ist alles bereits bei der Besprechung des hufigen Typus gewürdigt worden (Würzburger Phineusschale; Amphora Gerhard A. V. 317; Caeretaner Hydrien; die von Dümmler gesammelte Vasenklasse), und es braucht nur noch hinzugefügt zu werden, dass sich dort nirgends eine nichtbacchische Bedeutung der Silene nachweisen lässt. Eine solche ist nur, um das Resultat dieses Abschnittes zusammenzufassen, auf dem xanthischen Fries, den nordgriechischen und vielleicht der auf Thera gefundenen Münze, endlich auf dem klazomenischen Sarkophage vorhanden.

2. Chalkis und seine Kolonien.

In diesem Gebiete ist für die Silene von den Münztypen auszugehen, welche die sicherste Grundlage bilden. Ihnen reiht sich einiges Bronzegerät an, das nicht mit der gleichen Sicherheit als chalkidisches Product zu erkennen ist, und den Beschluss machen die Vasen, unter welchen noch immer kein sicheres Stück griechischer Herkunft zu verzeichnen ist.

Münzen der Chalkidike.

1. **Terone.** Silen, von r. heranspringend, beugt sich über eine grosse Oinochoe, um in die Mündung zu schauen. Imhoof, Mon. gr. pl. C, 23. Gardner, Types III, 34; auf diesem Exemplar ohne Pferdeschwanz. Head, hist. num. pg. 184 (zum Motiv vgl. Hartwig, Jahrbuch 1891, s. 225).

2. **Mende**, Kolonie von Euböa.
   a. Silen neben einem Esel stehend, den er bei den Ohren gepackt hält, indem er sich mit der R. auf den Rücken des Tieres stützt. Imhoof, M. gr. C, 20. Imhoof-Keller, Tier- und Pflanzenbilder tf. II, 28. Head, pg. 187. — Auf etwas älteren Stücken steht er ruhig neben dem Tiere. Imhoof, M. gr. C, 19.
   b. Silen (oder Dionysos) mit Gewand um den Unterleib auf einem Esel gelagert, indem er mit der R. den

Kantharos von sich streckt. Müller-Wieseler, Dkm. II, 31, 349. Gardner, VII, 7.

Kolonien auf Sizilien.

1. Naxos. Kauernder Silen in Vorderansicht mit Kantharos in der R., sich auf die L. stützend. Auf jüngeren Stücken hält die L. einen Thyrsos, während auf der anderen Seite Weinranken aufspriessen. Müller-Wieseler II, 40, 477; I, 42, 195. Gardner II, 20; VI, 6. Imhoof-Keller IX, 7.

2. Himera. Die Nymphe Himera hält eine Schale über einen Altar. Rechts lässt sich ein stehender Silen von Wasser bespülen, das aus einem Löwenkopf fliesst. Gardner, II, 18; VI, 2.

3. Katana. Silen in Laufstellung über einem Stier mit Menschengesicht; unten Schlange. Imhoof-Keller, XIII, 18. Jahrbuch IV, 119.[1])

4. Nakona. Silen auf Esel gelagert, ähnlich der Gruppe auf der Münze von Mende. Erwähnt von Friedländer, Arch. Ztg. 1873, s. 102.

Diese Zusammenstellung, welche keinen Anspruch auf Vollständigkeit macht, soll zunächst zeigen, dass in den chalkidischen oder besser euböischen Kolonien des Nordens wie des Westens Vorliebe für sileneske Münztypen herrscht. Die Brücke zwischen beiden Gebieten wird äusserlich durch die Uebereinstimmung eines Typus von Mende und Nakona hergestellt.

Inbezug auf die Bedeutung stimmen die Silene der Chalkidike, die von Naxos und Nakona als unzweifelhaft dionysische Gestalten überein. Ueber ihre Typen ist wenig mehr zu sagen, als dass sie die übliche pferdeschwänzige Bildung zeigen und dass (wie auch in Himera) auf der schönen Reihe der naxischen Münzen neben rein künstlerischen Varianten in der Bein- und Armhaltung, wobei übrigens durch die

---

[1]) Der prächtige Kopf des Schweinesilen auf der Goldmünze des Baron Hirsch, Head, s. 114, ein neuer Typus aus der Zeit der zweiten grossen Kunstblüte, gehört nicht mehr in den Kreis dieser Betrachtungen.

spätere Beigabe des Thyrsus die harmonische Geschlossenheit des Motivs nicht gerade gewinnt, auf den jüngeren Stücken der Uebergang zur Kahlköpfigkeit stattfindet. Nur ein Teil dieser Münzen zeigt noch die Weise der archaischen Kunst und reicht bis in die erste Hälfte des 5. Jh. hinauf.

In wesentlich anderem Sinne hingegen treten die Silene auf den Münzen von Himera und Katana auf. Der badende Silen der ersteren findet dadurch seine Erklärung, dass Himera durch warme Heilquellen berühmt war. Dem poetischen Sinne der Griechen entspricht es, die wohlthätige Wirkung dieser Quellen, auf welche die Stadt stolz war und deren Bekanntwerden sie wünschen musste, an einem solchen Daemon der Natur — denn als solcher im allgemeineren Sinne, nicht etwa als numen der Quelle selbst dürfte er zu fassen sein — zu zeigen, der sich mit innigem Behagen das Wasser über den Körper rieseln lässt. Die naturdaemonische Bedeutung der Silene in rein poetischer Auffassung, wie sie sich in der hellenistischen Periode voll entwickelt, findet also schon in der Mitte des 5. Jh. (die ältere Münze wird in die Periode 479—431 gesetzt) einen Vorläufer, der gewissermassen zwischen der älteren und jüngeren nichtbacchischen Periode der Silene vermittelt.

Schwieriger ist die Erklärung des Silen über dem Flussgott von Katana (vgl. Marx, Jahrbuch IV, 122). Andere Münzen der Stadt (Gardner II, 39) zeigen an seiner Stelle einen Wasservogel und unter dem Mannstier statt der Schlange einen Fisch, alles Hindeutungen auf das feuchte Element, sodass auch wohl der Silen als Quelldaemon zu nehmen sein wird. Ob er aber der Vertreter einer etwa in der Nähe der Stadt befindlichen Quelle ist, oder ob nur allgemein durch die verschiedenen Symbole eine wasserreiche Gegend angedeutet werden soll, wie sich z. B. eine solche Häufung von Flussgott und Silen auch auf der italischen Ciste Mon. VIII, 9 findet, dürfte kaum auszumachen sein. Sicher aber haben wir in diesem Silen als Quellwesen ein italisches Element, denn im griechischen Mutterlande findet er sich in dieser Bedeutung auf Monumenten niemals, vereinzelt einmal in lokalem Kult im südlichen Peloponnes, aber hier sichtlich unter östlicher Einwirkung (Silen von Pyrrhichos, Paus. III, 25, 2).

Die Münzen geben uns also die Sicherheit, dass in den von Euböa abhängigen Gebieten die Silene sehr beliebt und auch im 5. Jh. in nichtdionysischer Geltung bekannt waren.

Bronzegerät.

Auf Euböa selbst ist bis jetzt nur eine einzige Silensdarstellung zu tage gekommen, an der schönen Bronzehydria aus Eretria, abg. Ann. 1883, tf. N, 1 (s. 184 v. Duhn) = Furtwängler, Sammlung Saburoff II, tf. 149, 2. Der Ansatz des senkrechten Henkels endet in eine streng altertümliche Silensmaske (die Abb. nicht stilgetreu, Furtwängler, a. O. zu tf. 149, Anm. 10), mit Stumpfnase, hohen Pferdeohren und mächtigem Bart. Furtwängler datiert das Gefäss in die erste Hälfte des 5. Jh.; dass es in Eretria oder Chalkis gearbeitet, dürfte keinem Zweifel unterliegen.

Schon vor seinem Bekanntwerden hatte man versucht, eine Anzahl italischer Bronzefunde für chalkidischen Ursprungs zu erklären; so gruppierte Helbig (Ann. 1880, s. 223 fg.) eine ältere und v. Duhn (Ann. 1879, s. 119 fg. Mon. XI, 6) eine jüngere Sorte, welch letztere Silensdarstellungen aufweist. Bei ihr wollte Milchhoefer (Anf. s. 210 f.) vielmehr den Einfluss peloponnesischer Typik konstatieren; dagegen v. Duhn, Ann. 1883, s. 183 f. Ohne Zweifel stecken hinter den meisten dieser Darstellungen echt griechische Typen; aber es knüpfen sich zwei sehr schwierige Fragen daran, nämlich ob in einem Teil dieser Erzeugnisse Export aus dem Mutterlande vorliegt oder ob sie in den unteritalischen Kolonien entstanden sind, und zweitens das wichtigere Problem, was davon griechische Arbeit und was etruskische Nachahmung ist. Nur eine zusammenfassende Untersuchung auf breitester Grundlage kann hier Klarheit schaffen. Ich bescheide mich unter Hinweisung auf Furtwänglers Bemerkungen zu der euböischen Hydria und das von ihm dort Zusammengestellte, kurz die in diesem Bronzewerk auftretenden Silenstypen zu erwähnen.

Plastische Silensmasken an vertikalen Henkeln, wie an der Hydria von Eretria: Schumacher, Bronzen von Karlsruhe, nr. 594, tf. XI, 4; nr. 565, tf. XI, 5. Bull. Nap. N. S. IV, 10 aus Salerno. Bull. 1883, s. 44. und die von Furtwängler, a. O. Anm. 16 erwähnten.

Silensmasken in Flachrelief mit Gravierung auf den blattförmigen Attachen horizontaler Henkel; fast in jeder Sammlung vertreten. Beispiele: Schumacher, a. O. nr. 620, tf. IX, 22 (nicht Acheloos). Notizie degli scavi, 1886, s. 45, fg. G, aus dem Funde von Tolentino, der die schönen Karlsruher Kannen (Schumacher 527, 632) lieferte. Mus. Greg. I, 60 d. Friederichs, Berl. Bronz. 1389.[1])

Tanzende hufige Silene in Relief auf einem Siebgriff, von „rein ionisch archaischem Charakter", erwähnt von Furtwängler, Olympia IV, s. 147, nr. 925.

Hockende hufige Silene am unteren Ende vertikaler Henkel. Amphora aus Schwarzenbach (Moselgegend) Arch. Ztg. 1865, tf. 85. Analoges Exemplar aus Etrurien Mus. Greg. I, 8, 2. Sicher griechisch nach Furtwängler, Samml. Sab. zu tf. 149, Anm. 16. Vgl. jedoch die hockenden Silene des Leuchters von Cortona, Mon. II, 41—42.

---

[1]) Zu vergleichen sind hier kleine Silensmasken archaischen Stils aus Terracotta von der gleichen blattartigen Grundform, die nach Furtwängler, a. O. Anm. 15 zahlreich in Gräbern Capuas und Siziliens gefunden werden. Mehrere Exemplare in Berlin; einige beschrieben bei Masner, Vasen des Wiener Ind. Mus. nr. 895—97. Eines von leider unbekanntem Fundort in Athen, Martha, Terres cuites d'Ath. nr. 791. Ein Detail der Stilisierung verbindet sie mit den Bronzehenkeln, nämlich die „Fliege", die sich unter der Lippe aus dem Vollbart loslöst. Verwendet wurden sie sicher in apotropaiischem Sinne. — In grösserem Massstabe ausgeführt dienen Silensmasken in Capua und Südetrurien, besonders in Caere, sehr häufig als Stirnziegel (Mon. d. Inst. Suppl. tf. 2—3).

Liegender hufiger Silen. Als Deckelfigur Ann. 1879, s. 135, nr. 9; s. 157.[1]) Der stehende (tanzende) Silen Röm. Mitt. II, s. 270, fg. 28 ist anscheinend aus einem liegenden verballhornt, vielleicht erst von moderner Hand, denn er gehört nicht zu dem Deckel (Furtwängler, Olympia IV, s. 144, nr. 897). Ein liegender Silen am Henkel einer sicher griechischen Bronzekanne aus Südrussland abg. Compte-rendu 1877, tf. III, 1. Mit grosser Vorliebe wird das Motiv von den Etruskern aufgenommen, die den Gedanken eines behaglichen Schlemmens beim Mahle (Kissen unter dem Ellbogen) hinzubringen, was mit dem griechischen Begriff von dem ewig beweglichen Silensgeschlecht nicht ganz übereinstimmt;[2]) am Mittelring eines Dreifusses Mus. Greg. I, 56; an einem Ohrring ebenda I, 73 a; vom Gerät getrennt Schumacher, a. O. nr. 474 (wohl sicher etruskisch, vgl. den Kopf mit dem des Silens von Dodona); auf Cistenfuss, der aus einer Löwenklaue besteht, Sacken, Wiener Br. tf. 29, 5; 26, 8. Auf Wandgemälde von Tarquinii, copiert in der Münchener Vasensammlung. Silen als Quelldaemon gelagert auf italischer Ciste Mon. VI, 40.

Ueberall sind wir hier aus dem nicht immer unzweifelhaft Griechischen in das Etruskische hinübergeführt worden und es muss einstweilen bei der Konstatierung dieser fortlaufenden Reihe sein Bewenden haben, obwohl grade hier eine klare Scheidung sehr wünschenswert wäre.

---

[1]) Als Deckelgriffe werden Einzelfiguren in der Regel nur im T-schema verwendet, wobei der widdertragende Jüngling sehr häufig ist. Vgl. dazu die Statuette eines widdertragenden Silen aus Südfrankreich, Bull. corr. hell. 1878, tf. 6.

[2]) Vgl. das solenne Silensgelage auf der etruskischen Aschenurne Mon. VIII, 2. Nur zweimal finden sich auf sf. Vasen einzelne Silene in ähnlicher Art gelagert (Mus. Greg. II, 46, 1. Elite céram. I, 49 a.) — Furtwängler, Olympia IV, s. 24, nr. 76 nimmt einen Teil dieser Bronzefiguren als Producte „wahrscheinlich chalkidischer Kunst". Erfunden ist das Motiv jedenfalls für den zum Symposion gelagerten Sterblichen, wie die olympische Bronze a. O. zeigt.

Vasen.

Zu den drei bereits beim hufigen und behaarten Silenstypus besprochenen chalkidischen Gefässen (nr. 15, 16, 22) kommt nur noch eines, die Amphora Berlin 1671, hinzu. Das älteste, die Leydener Amphora (15), welche noch alle Silene mit Hufen versieht, macht durch die ungeheure Plumpheit der Figuren des Hauptstreifens auf den ersten Blick den Eindruck des Verfalls und der Verrohung des Stils. Die tanzenden Männer des Schulterstreifens jedoch, die mit ihrem charakteristischen dicken Hinteren dem Typenvorrat der korinthischen Vasen entlehnt sind, sind nicht nur besser gezeichnet als die Silene, sondern gehen auch über ihre Vorbilder dadurch hinaus, dass durch Ueberschneidung und engere Gruppierung eine grösse Lebendigkeit des Tanzgewimmels erreicht wird. Auch die sorgfältige Ornamentation legt von dem Können des Malers Zeugnis ab. Die plumpe Wanstigkeit der Silene, die täppischen Bewegungen der Nymphen sind also beabsichtigte Komik. Auf 16 wird nicht nur die Hufigkeit auf den Hippos beschränkt, sondern der Fortschritt zeigt sich auch in den gewandteren und freieren Bewegungen, und es scheint sich um richtige Tänze zu handeln, während auf 15 nur derbe Liebeswerbung dargestellt ist.

Noch jünger ist die Castellanische Vase 22 mit dem Papposilen, die, wie mir Prof. Loeschcke freundlichst mitteilt, mit der Münchener Hydria 125 (Gerhard, A. V. 237) in der Technik gleichartig und gleichaltrig ist. Zu dem kurzen, unten gezackten Röckchen der Maenade macht mich L. auf die Tänzerinnen melischer Thonreliefs und das korinthische Gefäss Mon. X, 52, 4 aufmerksam; Beziehungen zwischen korinthischer und chalkidischer Keramik sind auch sonst bekannt. Aber auch auf attischen Vasen kommen kurzbekleidete Nymphen und nicht nur, wenn sie als Reiterinnen auftreten (s. u.), vereinzelt vor (Würzburg III, 420. Berlin 1697 = oben nr. 9). Zu der Palme endlich ist noch darauf hinzuweisen, dass Karystos auf Euböa zwei Palmen auf seinen

Münzen führt (Imhoof und Keller, Tier- und Pflanzenb. tf. X, 1), was vielleicht mit als Beleg für die Entstehung der Vasen im Mutterlande verwertet werden kann.

Die Berliner Amphora, die wohl aus rein technischen Gründen der Gattung zugeteilt ist, zeigt auf jeder Seite einen in Vorderansicht hockenden Silen, der sich in nichts als etwa durch die übermässige Grösse des Gliedes von dem Typus der gewöhnlichen sf. Vasen unterscheidet und somit „schon den Uebergang zur attischen Weise bildet" (Loeschcke).

Während also der künstlerische Typus in dieser kleinen Classe eine beträchtliche Entwicklung durchläuft, bleibt die mythische Auffassung der Silene eine sehr einseitige: sie werden ausschliesslich in ihrem Verhältnis zu den Nymphen und in ihrer geschlechtlichen Wildheit geschildert; bacchische Abzeichen fehlen. Von irgend bedeutendem Bacchuskult auf Euböa wissen wir in älterer Zeit nichts, erst spät (4. Jh.) erscheinen bacchische Typen auf den Münzen von Histiaea (Head, hist. num. s. 308). Wenn wir uns dazu erinnern, dass die Münzen chalkidischer Kolonien auf Sizilien die Silene als freie Naturdaemonen kennen, so gewinnt die Vermutung an Wahrscheinlichkeit, dass auch die der Vasen nicht als dionysische Wesen zu denken sind, sondern als unabhängige Waldgeister, wie sie der homerische Hymnus auf Aphrodite schildert.

3. Attika.

Plastik.

Wir treten endlich in die eigentliche Heimat des Thiasos ein und werden es nicht für einen Zufall nehmen, dass uns die altertümlichste Steinbildkunst Athens die älteste plastische Silensdarstellung liefert. Es ist der leider sehr zerstörte Porosgiebel, der an der Südseite des Dionysostheaters gefunden wurde und von Studniczka, Ath. Mitt. 1886, tf. 2, s. 78 f. veröffentlicht ist. Das der linken Giebelhälfte angehörige Fragment zeigt zwei Silene und in ihrer Mitte eine

Nymphe, im halblangen anliegenden Gewand, vielleicht mit Krotalen tanzend. Lange Pferdeschwänze und Phallen kennzeichnen die Silene, von denen einer, der Nymphe gegenüber, die Doppelflöte bläst; von der Fussbildung ist nichts mehr erkennbar. An dem rechts stehenden ist langes Nackenhaar und eine Spur der Stumpfnase sicher. Für den linken nimmt Studniczka zweifelnd Kahlköpfigkeit an, was für diese Zeit ohne jegliche Analogie wäre; der Einschnitt im Nacken dürfte daher zufällige Verletzung sein. Ob der Gegenstand hinter diesem Silen wirklich der Phallus der nächsten Figur ist, scheint mir sehr zweifelhaft, weil diese infolge des Giebelabfalls nicht unbeträchtlich kleiner oder vornübergebückt sein musste, sodass er unmöglich diese Richtung haben konnte.

Studniczka weist den Giebel dem ältesten Dionysostempel zu und vermutet mit Wahrscheinlichkeit die Gestalt des Gottes selbst für die rechte Hälfte; vielleicht wäre an eine Hephästrückführung zu denken, da man für diesen Ort lieber eine Handlung als eine mehr genrehafte Schilderung des Thiasos voraussetzen muss.

Können wir aus diesem Monument bei seiner schlimmen Zerstörung kaum mehr als die Thatsache des Auftretens der Silene in ältester attischer Plastik feststellen, so findet sich doch wenigstens ein zweites zur Vergleichung hinzu, ein leider nur durch die Zeichnung bei Müller-Wieseler, Dkm. II, 472 bekanntes Relief von Delphi, auf welchem r. eine Frau abgeht, l. ein Silen eine zweite angreift und in der Mitte ein dritter eine Nymphe in den Armen trägt. Wie für den Porosgiebel durch die äusseren Umstände, so ist hier durch ein grosses Mischgefäss in der l. Ecke die bacchische Bedeutung der Gestalten gesichert. An den Silenen ist noch der gewaltige Haar- und Bartwuchs, an einem das spitze Ohr kenntlich; die Füsse fehlen auch hier. Der Fundort des Monuments, über dessen Bestimmung die kurze Angabe bei Wieseler (Altärchen?) keinen genügenden Aufschluss giebt, ist auffällig, weil die Silene mit dem Kult des orgiastischen

Dionysos, wie er auf dem Parnass in trieterischer Feier verehrt wurde, gar nichts zu thun haben (oben s. 30). Auf Zusammenhang mit attischer Kunst weist das Motiv der getragenen Frau hin, das auf der Françoisvase wiederkehrt. —
Von hier bis zu dem ersten statuarischen Silen, dem Marsyas des Myron, klafft eine weite Lücke. So beliebt der Stoff in der archaischen Kleinkunst war, für die hohe Kunst bedurfte es in der älteren Zeit einer besonderen religiösen Veranlassung zur Darstellung dieser untergeordneten Daemonen.

Man kann es kaum eine Unterbrechung dieser Lücke nennen, wenn der Silen einmal unter den „melischen" Reliefs auftaucht auf einem in Berlin befindlichen Stück unbekannten Fundorts, wo er seinen weinschweren, auf dem Esel sitzenden Herrn vor dem Herunterfallen bewahrt, während ein vorausschreitender Knabe das Tier führt (Arch. Ztg. 1875, tf. 15, nr. 2; Curtius. Duruy, Hist. des Grecs II, s. 311. Baumeister, Dkm. Abb. 481). Brunn hat diese tektonischen Reliefs wesentlich jünger datiert, als das Äusserliche der archaischen Formgebung auf den ersten Blick glauben macht (Münch. Sitzgsber. 1883, s. 299 f.). Nach Dumont (Céramiques II, s. 230, Anm. 1) sind jedoch im Perserschutte der Akropolis Exemplare von dem jüngsten Stil gefunden worden. Ganz analog in der geistigen Auffassung des trunkenen, von einem Begleiter gestützten Gottes sind erst Vasen des schönrf. Stils, von denen Herzog (Studien zur Kunstgesch. tf. III, 1, 2) zwei herrliche Gruppen von athenischen Gefässen veröffentlicht hat. Während das eine in wahrhaft genialer Zeichnung die trunkene Begeisterung darstellt, entspricht der weinschwere Dulder des anderen völlig der Auffassung unserer Terracotte. Auch der Silenstypus steht dem der rf. Vasen sehr nahe; ein breites stumpfnasiges Gesicht mit wulstigen Lippen, Bart und Haar nicht archaisch-streng, sondern von rundlichem Kontur, weich und nach aussen zerfliessend. Der Schwanz verdankt seine eckige und steife Stilisierung rein tektonischen Gründen.

Endlich kann hier ein hübsches Erzeugnis der plastischen Kleinkunst angeführt werden, der aus einem **Doppelkopf von Silen und Nymphe** gebildete Thon-Becher aus Böotien in Berlin (4044), abg. Furtwängler, Sammlung Saburoff tf. 69. Auch hier hat die Notwendigkeit einer tektonischen Stilisierung in Einzelheiten, wie z. B. bei Schnurrbart und Brauen, stark mitgesprochen und neben den freien rf. Ornamenten die archaische Formgebung des Ganzen bedingt. Der breitbärtige Kopftypus des Silen steht mit dem des älteren rf. Stils auf einer Stufe.[1])

Vasen.

Alles Bisherige waren streng genommen disiecta membra, Elemente oder Ausschnitte des grossen mythischen Ganzen, das uns auf der **Vase des Klitias und Ergotimos zum ersten Male als der ausgebildete Thiasos des Weingottes** entgegentritt. Diese Darstellung ist die strengste und zugleich umfassendste Formulierung der mythischen Idee vom Thiasos, wie sie für die ganze sf. Malerei, von einigen sicher späten Produkten abgesehen, massgebend bleibt; wesentlich neue Elemente dringen erst mit der freier werdenden Kunstübung der rf. Gefässe ein. Die Silene sind von nun ab unzertrennlich von ihrem Oberherrn und begleiten ihn, als ihm das Versöhnungswerk an Hephaest gelungen, bis in die feierliche Versammlung der Olympier. Der erste Silen trägt den gewaltigen Schlauch mit Wein, auf dessen unwiderstehliche Macht als auf die Veranlassung zu seiner milderen Stimmung Hephaest mit nicht misszuverstehender Geberde zurückweist. Der zweite repraesentirt die

---

[1]) Unter den archaischen Terracotten scheinen ganze Silensfiguren nicht vorhanden zu sein. Wohl aber kommen als Salbfläschchen kniende Silene von altertümlicher Stilisierung vor (Berliner Antiqu. Terr. Jnv. 1332, 1333, 3954; ital. Fundorts). Vgl. dazu die an die aegyptischen Besgestalten sich anlehnenden jüngeren Typen hockender Silene, die in Sizilien (Kekulé. Siz. Terr. s. 5, 2; 27, 2; 29, 1) und Griechenland (Berl. Terr. Inv. 6867, 6877—81, 8163) häufig sind.

musische Seite des Dionysischen. In dem dritten aber tritt beinahe unvermittelt die ältere naturdaemonische Bedeutung der weiberlüsternen Unholde neben die neuen Functionen, er bringt unbekümmert um die Feierlichkeit des Aufzugs eine Nymphe geschleppt. Andere Nymphen, die letzte mit Klapperblechen, beschliessen den Zug. Diese Grundbestandteile der Darstellung kehren in verschiedenen Variationen, aber ohne eigentlich neue Gedanken in der sf. Malerei immer wieder. Wir wenden uns zunächst zu den

Vasen griechischen Fundorts

und finden, mit der Françoisvase durch den Namen des Töpfers verbunden, die Schale des Ergotimos, früher in der Sammlung Fontana in Triest, jetzt in Berlin; abg. Gerhard A. V. 238. Wien. Vorl. 1888, tf. IV, 2. „Nach bestimmten Angaben" (Hörnes, Arch. epigr. Mitt. a. Oestr. II, s. 18), deren Quelle aber nicht genannt wird, stammt sie aus Aigina; die Unsicherheit sämtlicher Provenienzangaben der Fontanaschen Sammlung geht aber aus Hörnes Einleitung a. O. zur Genüge hervor. — Brunn äusserte sich bereits in der Künstlergeschichte (II, 281): „Der Stil dieser Schale unterscheidet sich nicht von dem gewöhnlichen der schwarzen Figuren auf rotem Grunde. — — Ist also die Schale etwa ein nachgeahmtes Werk, an dem man mit den Figuren auch die Inschrift copierte?" Ich glaube, dass auch die Gegner der Brunnschen Probleme den stilistischen Unterschied werden zugeben müssen; um auf eine Einzelheit hinzuweisen, so sind die Augen der Männer und Frauen auf der Françoisvase noch nicht konsequent auf die bekannte conventionelle Art unterschieden (sf. Kreisaugen nur bei Zeus, Hermes, Troilos, sonst fast durchweg ovale Aussenkonturen), während die Ergotimos-Schale nur die später übliche Bildung des Männerauges anwendet. Bei der Silensbildung hätte der Uebergang zur Menschenbeinigkeit nichts auffallendes; er könnte höchstens unsere Auffassung von der Originalität der Silene des

Klitias unterstützen. Aber merkwürdig ist die Abweichung im Kopftypus; die Nase ist nicht grade und spitz, sondern rundlich, das Ohr ist in eigentümlicher Weise nach rückwärts gelegt; auch die Stilisierung von Bart und Nackenhaar ist abweichend. Eine Verschiedenheit im Grundcharakter gegen die Françoisvase bedeutet es endlich, dass die Schale nur einen auffallend spärlichen Ornamentschmuck (vier kleine Palmetten mit Ranken an den Henkelansätzen) hat, während bei jener das Prinzip des völligen Ueberspinnens massgebend ist. Kurzum, die Schale gehört einer beträchtlich jüngeren Entwicklungsstufe an und man wird vielleicht ihren Maler von dem Töpfer der Françoisvase zu trennen haben. — Für die Deutung scheint mir eine Bemerkung Kuhnerts (Zeitschr. d. deutsch. morgenl. Ges. Bd. 40, s. 557) sehr beachtenswert, der daran zweifelt, dass hier die Einfangung des Silen in spezielle Beziehung zu Midas zu setzen sei, wie gewöhnlich geschieht. Dass die Sage von der Berauschung und Gefangennehmung des weisen wilden Daemons, die zahlreiche italische und nordische Parallelen hat, den Griechen nicht ausschliesslich in Verbindung mit dem phrygischen Mythenkreise bekannt war, zeigt die Erzählung des Apollonius von Tyana, der in einem äthiopischen Dorfe einen Satyr, der den Weibern nachstellt, durch einen Trog Wein berauscht und unschädlich macht (Mannhardt, Wald- und Feldkulte II, 137 fg.). Kuhnert verweist a. O. auf die sechste Ekloge Vergils. Die Schale selbst erzählt nur von einer Gefangennehmung des Daemons durch Bergbewohner (Oreios, Therytas) und dass das Ereignis von den übrigen durch Tänze gefeiert wird. Warum fehlt Midas, wo doch Platz genug für ihn gewesen wäre? Es wird also eine verlorene, volkstümliche Fassung der Sage zu grunde liegen. — Die Darstellung bleibt innerhalb der sf. Malerei ganz vereinzelt, denn es ist mir nicht zweifelhaft, dass ein von de Witte, Cat. Durand nr. 261 als sf. beschriebener Skyphos, der verschollen scheint, in Wirklichkeit rf. war; dargestellt ist Silen vor dem thronenden

Midas, hinter dem eine Fächerträgerin (!) steht, alles entspricht genau dem rf. Bild Ann. 1844, tf. H. (Vgl. Kuhnert, a. O. s. 556). Für einen anderen Fall ist in demselben Katalog das gleiche Versehen nachgewiesen. — München 790, Silen von einem Krieger gefesselt, ist modern. —

Von den Vasen, die der griechische Boden seit einiger Zeit in so reicher Fülle liefert, ist mir leider nur ein geringer Teil zugänglich, da seit Collignons Verzeichnis der athenischen Vasen noch keines wieder erschienen ist und z. B. auch für die gerade in diesem Punkte reichen Schätze des Britischen Museums kein Katalog existiert. Wenn ich trotz so grosser Unvollständigkeit des Materials die wenigen Monumente griechischen Fundorts voranziehe, so geschieht es, um auf eine auffallende Erscheinung aufmerksam zu machen, aus der ich zwar keine Konsequenzen zu ziehen wage, die aber immerhin der Beachtung wert ist: die überwiegende Anzahl sf. Gefässe mit bacchischen Darstellungen besteht aus Lekythoi (Stackelberg, Gräber der Hell. 12, 4; 14, 4; 16, 5. Collignon, Vases peints d'Athènes 252, 253, 255, 307, 308, 318, 323, 324, 326, 327, 349, 353, 357, 359, 375, 376, 402. Berlin 2009, 2026). Ihnen reihen sich an einige Büchsen (C. 209. B. 2033, 2037, 4009), ein Kylix (C. 176), ein Napf (B. 2071) und eine Pelike (C. 224), endlich ein in München bei Dr. Naue befindlicher Teller aus Böotien. Amphoren, die unter den italischen Funden das Hauptkontingent für Dionysisches stellen, sind mir keine bekannt geworden.

Die wenigsten dieser Gefässe sind von besonders guter Ausführung und kaum eines zeigt eine sorgfältiger durchdachte Darstellung. Am reichsten entfaltet sich der Thiasos auf der Berliner Pyxis 2033, die von Furtwängler dem älteren sf. Stil zugeteilt und in der Zeichnung als „lebendig zierlich" charakterisiert wird. Den Mittelpunkt einer Schaar von 10 Silenen und Nymphen bildet Dionysos, dem Semele ruhig gegenübersteht. Auf der gegenüber liegenden Seite befindet sich ein unbärtiger Reiter auf ithyphallischem Maultier, offenbar ein ehemaliger Hephaest, der hier nicht mehr als solcher verstanden und charakterisiert ist; auf einer anderen Pyxis aus Attika (Berlin 4009) erscheint dieser Reiter zweimal im Thiasos, auf dem athenischen Napf B. 2071 sogar viermal.

Ebenfalls in der Auflösung begriffen ist der Typus des sitzenden (C. 323, 324, 209) oder gelagerten (C. 318, 402) Dionysos, der von zwei Silenen oder Maenaden umgeben wird. Es gehen dem Gott allmählich nicht nur die charakteristischen Abzeichen verloren (C. 303, 305, 315, 317, 320, 321, 325), auch die Nymphen werden nach und nach flüchtig oder gar nicht mehr charakterisiert und endlich mündet der Typus in die Darstellung rein menschlicher Situationen (C. 325: Bärtiger mit Trinkhorn auf Diphros, und Jüngling. Stackelberg, a. O. 16, 5). Die Lekythos C. 327 zeigt eine Frau auf Viergespann, das von einem Silen, einer Nymphe mit Krotalen und einem kitharspielenden Manne begleitet wird, auf Stackelberg 12, 4 ist Dionysos bei einer analogen Darstellung zugegen, ein Rest der überaus häufigen Darstellung eines feierlichen Götteraufzuges. Im übrigen findet sich nicht viel mehr als tanzende Gruppen von Silenen und Maenaden mit oder ohne Dionysos, bisweilen mit einer würdevolleren Frau, stehend (Stackelberg 14, 4) oder auf Klappstuhl (C. 326), einer ehemaligen Semele; hie und da sitzen die Maenaden auf Maultieren (Berlin 2065) oder Stieren (B. 2009). Auf dem Teller bei Naue ist ein Aufzug dargestellt: zwei Silene tragen musizierde Nymphen auf der Schulter; eine dritte schliesst sich an, ebenfalls in der Stellung, als werde sie getragen. Da aber der Platz nicht reichte, ist der Träger fortgelassen; man sieht die Herübernahme aus einer nicht für diesen Raum gedachten Komposition. Die Ausführung ist flüchtig, aber sehr flott und sicher; über das Tragemotiv vgl. unten. Bezeichnend für die gedankenlose Verflüchtigung älterer Motive in dieser Gruppe ist, dass der Gott selbst die Attribute des Thiasos annimmt, nicht nur die Nebris (C. 376), was man als Vorläufer der späteren rf. Weise fassen könnte, sondern auch die Krotalen (C. 224; Pelike, travail très-soigné). Ueber die Bedeutung der Darstellung auf dem Kylix C. 176, wo zwei Männer vor Dionysos knieen, vermag ich aus der Beschreibung nicht klar zu werden.

Im Ganzen finden wir also eine Laxheit in der Auffassung des Mythenstoffes, die allein schon eine zu frühe Datierung dieser zusammengehörigen Gruppe von Gefässen ausschliesst. Zu einem derselben (Berlin 2026) bemerkt Furtwängler: „Stil ähnlich dem streng-rotfigurigen." Gerade für die Lekythen ist bekannt (Klein, Euphronios s. 125, 237), dass sie in den Zeiten der rf. Malerei noch lange sf. in Gebrauch blieben und ein schlagender Beweis dafür findet sich in dem in den Röm. Mitt. 1891, tf. 9 veröffentlichten Exemplar, auf dem echt rotfigurige kahlköpfige Silene — aber in sf. Ausführung — eine Lamia quälen, wo also Stil und Gegenstand einer viel jüngeren Zeit angehören. Auf den Grund für die Vorliebe für sf. Technik auf den Lekythen macht mich Brunn aufmerksam: auf der stark gewölbten und hohen Fläche des Bauches macht das Aussparen roter Figuren durch Umrisszeichnung unverhältnismässige Schwierigkeiten, während man bei schwarzen Figuren zunächst mit ein paar Strichen die räumliche Verteilung der Gestalten fixieren und sie dann mit breitem Pinsel bequem ausführen konnte. Vgl. auch die Andeutung Brunns, Ausgr. der Certosa s. 20 (164). Um diese Bequemlichkeit der Fabrikation zu retten, erfand man, als die Mode etwas Neues verlangte, den weissen Kreidegrund und gelangte in letzter Linie zu der polychromen Lekythos.

Zwischen der Françoisvase und dieser sicher in verhältnismässig junge Zeit gehörigen Gruppe von dionysischen Darstellungen klafft also eine weite Lücke. Da die letztere bereits alle Typen in Auflösung und gedankenloser Verflachung zeigt, müssen notwendig die Zwischenglieder vorausgesetzt werden; wir werden sie auf den Vasen italischer Herkunft finden.

Vasen italischen Fundorts. Liess sich aus dem griechischen Material kein abgerundetes Bild von der archaischen Auffassung des Thiasos entwerfen, so ist die Masse bacchischer sf. Vasen aus Italien so ungeheuer gross, dass es hier unter Beiseitlassung von Einzelheiten nur auf die Festlegung der Grundzüge ankommt.

Der Typus des sf. Silen bedarf kaum einer Schilderung. Das Aussehen des Kopfes mit Haarpolle über der Stirn, langem Nackenhaar, das etwa eine Locke nach vorn entsendet, grossem Bart und kurzer stumpfer, aber nicht aufgestülpter Nase bleibt sich immer gleich. Höchstens die Ohren werden variiert, indem sie bald höher, bald niedriger angesetzt werden, bald spitzer, bald stumpfer ausfallen. Dass je andere als Pferdeohren gemeint seien, ist nicht anzunehmen (Eselsohren glaubt Wieseler, Satyrspiel s. 129, Anm. 4, z. B. auf Gerhard AV. 52 zu finden). Es geht mit ihnen, wie mit dem Pferdeschwanze; man hält sich sehr bald nicht mehr an das Vorbild in der Natur, sondern verfährt nach künstlerischen Bedürfnissen, sodass man im Laufe der Zeit zu dem kurzen, elegant geschwungenen Schwanz der Satyrn des Lysikratesdenkmals und zu dem gespitzten menschlichen Ohr der praxitelischen Satyrn gelangt.

Die Mehrzahl aller Thiasos-Darstellungen sind Situationsbilder; nur eine einzige mythische Handlung, mit der wir füglich beginnen, geht in diesem Kreise vor sich: die Rückführung des Hephaest in den Olymp. Die Darstellungen sind von Waentig, de Vulcano in Olympum reducto, Lpzg. 1877, gesammelt worden, und es hat sich dabei herausgestellt, dass ausser auf der Françoisvase nur auf zwei rf. Bildern das Ziel der Rückführung, die Götterversammlung, mit dargestellt ist. Dies in Verbindung mit anderen Erwägungen hat Loeschcke (bei L. v. Schroeder, Gr. Götter und Heroen I, s. 83 fg.) Veranlassung gegeben, in der Mehrzahl der Bilder, welche Hephaest und Dionysos in mitten des Thiasos zeigen, ebenfalls nicht Ereignis, sondern Situation zu sehen, „den Nachklang einer Vorstellung, welche Hephaestos ebensogut wie Dionysos vom Thiasos umgeben dachte." Denn Hephaest ist so gut wie die Silene ein ehemaliger Gandharve, der blitzbewahrende Gatte der Apsaras-Aphrodite (v. Schroeder, a. O. s. 79 f.) und diese frühere Wesensverwandtschaft macht eine ehemals directe mythische Beziehung zwischen ihm und den winddaemonischen Silenen wahrscheinlich. Daran hat sich vielleicht die epische Sage angelehnt, ohne aber eine Erinnerung an das ursprüngliche Verhältnis zu bewahren. Nur ausserhalb der dichterischen Tradition hat sich unter besonderen Verhältnissen deutlich eine solche erhalten: bei den Untersuchungen über die Köpfe an den griechischen Kohlenbecken (Conze, Jahrbuch V, 134 f., Furtwängler, ebenda VI, 110 f.) hat sich herausgestellt, dass an ihnen die Silensmasken in ganz gleicher Geltung mit den Kyklopen, den Schmieden des Hephaest, als welche F. die nichtbacchischen Masken deutet, zum Schutze des Feuers verwendet werden, während ein so beliebtes Apotropaion wie die Gorgonenmaske nicht vorkommt. Hier ist also die ursprüngliche Wesensverwandtschaft noch wirksam — dass sie aber noch verstanden wurde, möchte ich sehr bezweifeln. Uralte Tradition bleibt im Volke unbewusst da am lebendigsten, wo es sich um das durch Generationen überlieferte Festhalten abergläubischer Vorstellungen und deren Nutzbarmachung im praktischen Leben — hier also zu daemonischem Feuerschutz — handelt; Belege lassen sich aus besser kontrollierbaren nordischen Bräuchen zahlreich anführen. Ganz anders aber liegt meines Erachtens die Sache bei den Vasenbildern. Die Maler schöpften nicht aus solchen halbreligiösen Anschauungskreisen, sondern aus der Fixierung der Sagen durch die Dichter, und wenn uns der

Mythus von der Rückführung litterarisch erst sehr spät bezeugt wird (vgl. Roscher, Lex. I, 2045), so ist die Françoisvase ein um so vollwichtigeres Zeugniss dafür, dass seine epische Ausgestaltung schon sehr früh genau in der späteren Fassung vorlag. Dass Klitias bereits eine ältere Typik — Hephaest mit Silenen gruppiert — verwendet habe, ist eine unbeweisbare Voraussetzung. Loeschcke legt nun vor allem Wert darauf, dass besonders bei den sf. Vasenbildern von einer Rückführung, einem Einherschreiten nicht eigentlich gesprochen werden kann und dass Dionysos und Hephaest sich häufig auf zwei Seiten des Gefässes verteilen. Ich glaube, dass letzteres lediglich von den räumlichen Bedingungen abhängt und dass das ruhige Stehen des Dionysos, wie es sich ja auch gerade auf dem Urbild, der Françoisvase, findet, sich sehr einfach aus der allgemeinen Typik der sf. Gefässe erklärt, die einen schreitenden Dionysos kaum kennt. Für die Gedankenlosigkeit, mit der gerade bei den so unendlich oft wiederholten bacchischen Typen verfahren wird, giebt es zahlreiche Beispiele. Darum kann ich nicht mit Loeschcke auf der Caeretaner Hydria (oben s. 9 nr. 18) eine Willkomm- und auf der Amphora (oben s. 8 nr. 14) eine Abschiedsscene erblicken; auf der letzteren erscheint der Aufzug in umgekehrter Ordnung, Dionysos zuletzt, wie auch bisweilen auf rf. Bildern; auf ersterer wird die Umdrehung des Dionysos, sodass er Hephaest gegenüber steht, aus keiner anderen Absicht als behufs grösserer künstlerischer Geschlossenheit des Bildes erfolgt sein. Auf den rf. Gefässen ist die Absicht, einen regelrechten Zug darzustellen, immer deutlich und wenn Platz ist, malt man auch den Olymp dazu. Ich glaube also daran festhalten zu müssen, dass die Vasenmalerei die Silene und Nymphen nur als Folger des Dionysos kennt und dass die Beziehungen derselben zu Hephaest sich ausschliesslich aus dem Rückführungsmythus ergeben. Wenn sich im Volksaberglauben uralte, sonst verschollene Vorstellungen erhalten hatten — hier, wo die Kunst in durchaus poetischer Auffassung aus dem bereits dichterisch verarbeiteten Mythenstoffe schöpft, scheint es mir gefährlich, dunkle Erinnerungen und Rudimente aus der Urmythologie zur Interpretation heranzuziehen.

Die Beziehungen des Dionysos zu anderen Göttern auf sf. Bildern brauchen nicht speziell behandelt zu werden, da die Thiasoten dabei immer nur in ihrem Verhältnis zu dem Gotte selbst gedacht sind. Die Gruppierung desselben mit einer Frau, in der man Semele oder Ariadne (von Kora wird bei sf. Bildern wohl endgültig nicht mehr die Rede sein, vgl. Thrämer in Rochers Lex. I, 1148) zu sehen hat, ist die häufigste; ausserdem pflegt er in grösseren Götterversammlungen oder in dem auf den Amphoren so beliebten Götterzuge von Einzelnen seiner Schaar begleitet zu sein.

Die Situationen, in denen der Gott auftritt (vgl. überhaupt Thrämer, a. O. 1094 ff.), sind durchweg würdevoller Art. Der einfachste Typus des bacchischen Stimmungsbildes zeigt den Gott in feierlicher Doppelgewandung mit Chiton und Himation, Kantharos oder Trinkhorn und Rebzweige haltend, von ruhig stehenden oder tanzenden Silenen und Nymphen umgeben; die Steifheit der Gruppierung sucht man durch das typische Umblicken etwas zu mildern. Oder er sitzt auf einem Klappstuhl, wobei dann gern zwei Nymphen ebenfalls sitzend gebildet werden, eine Erweiterung des alten Schemas, wo Dionysos der Ariadne gegenüber sitzt (Teller von Marathon, Ath. Mitt. 1882, tf. 3). Auch reitet er auf dem Maultier, vereinzelt auf einem Stier (Gerhard, A. V. 47) oder steht auf einem Viergespann (Würzburg III, 114; 422). Dieses letztere auch für andere Götter oft verwendete Motiv wird für den Weingott einmal dahin individualisiert, dass sich Silene und Maenaden vor den Wagen spannen (Berlin 1951 = Gerhard, Ant. Bildw. 17 = Müller-Wieseler II, 605. Vgl. auch unten). Mit grösserer Behaglichkeit endlich finden wir ihn auf einer Kline oder am

Boden gelagert (Brit. Mus. 492. Masner, Wien. Vas. 492. Würzburg III, 22. München 88), bisweilen mit Ariadne zusammen, die entweder auch gelagert ist (München 1325) oder sitzt (de Witte, Cat. Durand 99). Das Ganze pflegt von einer Weinlaube oder raumfüllenden Zweigen überdeckt zu sein. In der geschlossenen Erfindung der Münchener Amphora 1325, wo traubenpflückende Silene in den Aesten klettern, haben wir etwa die ursprüngliche Komposition, die dann je nach den Raumverhältnissen umgemodelt oder geteilt wird; die eine Hälfte derselben ist z. B. die in einer Grotte gelagerte Frau einer Berliner Kanne (1939). Das Verhältnis der Silene zu Dionysos ist in den meisten Darstellungen ein sehr lockeres, indem sie ihn umtanzen, ihm Musik machen oder auch unbekümmert um ihn sich mit den Nymphen zu thun machen. Enger wird es schon, wenn man etwa einen feierlichen Aufzug darzustellen beabsichtigt, wie auf München 425 (Amphora), wo Dionysos und Ariadne gekoppelt einherschreiten und vorne und hinten je ein kitharspielender, singender Silen sie geleitet. Eine wirkliche Dienstbarkeit bedeutet es, wenn die Silene in dem schon angeführten Beispiele München 1325 für ihren Herrn Trauben pflücken oder ein Silen aus seinem Schlauche in den Kantharos des Gottes einschenkt (M. 452). Am unterthänigsten sind sie ihm, wenn sie ihn selbst auf den Schultern tragen (Mus. Greg. II, 3. Berlin 1935). Feinere Beziehungen finden sich selten; so hält auf Gerhard, A. V. 264, 4 der Gott einem zaghaft herantretenden Silen den gefüllten Kantharos hin, während ein zweiter hinter Dionysos ärgerlich-neidisch auf seinen bevorzugten Kameraden zu blicken scheint; ebenda 95—96 greift ein Silen nach dem Becher des Gottes, um daraus zu trinken. Auf der Amphora des Amasis (Wien. Vorl. 1889, III, 2) scheinen Maenaden dem Gott ihre Jagdbeute zu zeigen, auf der Amphora Masner, Wien. Vas. 225 reicht eine Maenade ihm eine Blüte. Aber in der Regel begnügen sich die Maler, wenn sie nicht ausgesprochene Tanzbewegungen geben, mit einer wenig sinnvollen Nebeneinanderstellung. Um so mannigfaltiger ist das Treiben der Silene und Maenaden untereinander; es trägt die Signatur einer derben und groben Deutlichkeit, die in einigem Gegensatz zu dem zum teil sehr verfeinerten Geschmack der rf. Vasen steht. Neben Lüsternheit und Trinklust sind zunächst eine ewige Beweglichkeit und grosse Freude am Tanz Haupteigenschaften der Silene. Am tollsten und anstössigsten sind ihre Sprünge und Bewegungen auf der Amphora Gerhard A. V. 95—96, die von Klein (Euphronios s. 32) der chalkidischen Gattung zugerechnet, aber von Studniczka (Jahrbuch I, 89) mit Recht wieder ausgeschieden wurde. Sie steht der von Holwerda (Jahrbuch V, 237 f.) zusammengestellten Klasse korinthisch-attischer Vasen näher, als den gewöhnlichen sf. Gefässen. Dargestellt sind Silene ohne Maenaden um den sitzenden Dionysos und einen reitenden Mann[1], die eine Musterkarte tollster Obscönitäten aufführen, wie sie sonst nur vereinzelt zu finden sind (Berlin 1711, 1716. München 685, 1127. Brit. Mus. 579, 580). Die ungemeine Lebendigkeit der Erfindung und die unwiderstehliche Komik des Ganzen versöhnen mit der Derbheit der Motive. Aehnliche affenartige Stellungen finden sich, worauf Studniczka

---

[1] Die menschlichen Reiter mitten im Thiasos (s. auch oben s. 48) dürften kaum eine andere Erklärung als die von nicht charakterisierten Hephaesten zulassen. Sicher abzuweisen ist die von Jane Harrison (J. h. st. VI, 25) wieder aufgenommene Gerhardsche Deutung eines solchen Reiters (Gerhard A. V. 275) als siegreichen Jünglings (auf ityphallischem Maultier!), dem Dionysos den Preis verleihen will. Freilich weiss ich keine bessere Erklärung, als dass der Maler, in Verlegenheit den langen Streifen zu füllen, nach irgend hierher passenden Figuren griff; so ist z. B. der erste Komast des oberen Streifens eigentlich kein Tänzer, sondern ein Halterenschwinger. — Ebensowenig einleuchtend ist die a. a. O. versuchte Beziehung des Thiasos zu den Schiffen des inneren Gefässrandes (Anspielung auf Schiffsregatten zu Ehren des Dionysos).

a. O. s. 94 aufmerksam macht, auch auf der „thyrrenischen"
(vgl. oben s. 9, Anm. 1) Amphora Gerhard A. V. 185, doch
sind sie an Originalität dem obigen Gefäss keineswegs ebenbürtig. Auf den gewöhnl. sf. Gefässen sind alle Bewegungen,
wenn auch oft eckig, doch bei weitem gemässigter. Wenn
Maenaden und Silene nicht nach der Mitte zu den Gott
tanzend umringen, so stehen sie sich wohl im Contre-Tanz
gegenüber (Gerhard A. V. 173. Berlin 1791), aber selten
findet sich eine so lebhaft bewegte und verhältnismässig
gut gelungene Gestalt, wie der zur Flöte seiner Partnerin
hüpfende Silen Gerhard A. V. 142. Bisweilen treten Thiasoten gleichen Geschlechts oder Silen und Maenade gekoppelt und sich umschlungen haltend auf, wobei etwa die
eine Figur umblickt (Berlin 1845, 2050. Würzburg III, 115,
117), ein Motiv, über das schon gesprochen wurde (s. 22).

Das reichhaltigste Thema aber bietet den Malern die
beständige Lüsternheit der Silene; es ergiebt sich eine Scala
von Motiven von dem einfachen Nachlaufen, das sich von
dem gewöhnlichen Schema der Liebesverfolgung nicht unterscheidet (München 653, 1220, 1260. Berlin 1917. Brit. Mus. 488)
oder einem Ergreifen der Fliehenden (München 577. Berlin
1883. Würzburg 111) bis zu dem Ringen mit der Wider-
strebenden in dem bekannten Schema des die Thetis be-
zwingenden Peleus (Gerhard, Ant. Bilder. 46, 3). Symplegmen,
wie auf der Aussenseite der Würzburger Phineusschale,
scheinen nie oder sehr selten zwischen Silenen und Maenaden, sondern nur menschlich vorzukommen (bei Berlin 2052
ist der sileneske Charakter zweifelhaft).

Der sf. Malerei als originelle Erfindung eigen ist die
Darstellung der von einem Silen auf der Schulter getragenen
Maenade, die zum Einherschreiten des Trägers mit Flöte,
Kithar oder Krotalen die nötige Musik macht. Auf einer
von Panofka (Parodieen, s. 14) beschriebenen Vase knieen
die Silene vor den Frauen, um sie auf die Schulter zu heben;
auf München 651, Würzburg III, 295, Br. Mus. 636 haben

sie sie zu diesem Zwecke um die Hüfte gepackt, und auf zahlreichen Darstellungen, vorwiegend auf Amphoren, sind die Maenaden im Begriff auf die Schulter gehoben zu werden oder sitzen bereits darauf (Teller aus Böotien bei Dr. Naue. Gerhard A. V. 172. Panofka, Parodieen tf. II, 4. München 546, 651, 1348. Br. Mus. 527. Arneth, K. Ant. Kab. IV, 3, 94. Schöne, Museo Bocchi 93. De Witte, Cat. Durand 95. 2 Amphoren erwähnt Ann. 1878, s. 87, Anm. 1, eine weitere beschr. Bull. 1859, s. 131). Die Silene haben die Arme entweder um die Unterbeine der Getragenen geschlungen oder strecken sie seitwärts aus und blicken bisweilen rückwärts. Von diesem Schema weicht der Maler des böotischen Tellers ab, indem er einen der Silene den Arm aufwärts strecken und gleichzeitig den Kopf wie begeistert nach oben rückwärts der Nymphe zuwenden lässt, ein individueller Zug, der trotz der Gewaltsamkeit der Bewegung und der zeichnerisch missglückten Ausführung eine grössere Lebendigkeit mit sich bringt. Vereinzelt wird, wie schon erwähnt, auch für Dionysos und Ariadne das Tragemotiv angewendet (Kanne, Berlin 1935; Schale 2055; Tasse, erw. Ann. 1878, s. 87, Anm. 1), bei dem zweitgenannten Gefäss dahin umgeändert, dass die Getragenen auf den Köpfen der Silene sitzen. Im rf. Stil wird das Schema sehr selten (Millingen, Vases Coghil 41. Ann. 1878, tf. H), findet sich aber ähnlich in Terracotten freien Stils (Coll. Lecuyer pl. C. D. Vgl. Furtwängler, Sammlg. Saburoff zu tf. 81 mit Nachtrag). Inhaltlich dürfte für das Getragenwerden inbezug auf die sf. Darstellungen weniger an das Spiel Enkotyle zu erinnern sein, wie Panofka thut, als an die allgemeinere Idee der Unterwürfigkeit unter den geliebten Gegenstand.

Ein hübscher Gedanke des sf. Stils ist auch die Ersetzung des gewöhnlichen Pferde- oder Bocksgespannes des Dionysos durch ein Viergespann von Silenen und Maenaden (Lekythos Berlin 1951. Müller-Wieseler, Dkm. II, 48, 605 = Gerhard, A. B. 17. 1. Vgl. C. R. 1863, 223), die vom Gotte gelenkt in eiligstem Laufe den Wagen ziehen; es sind die Vorläufer der Kentaurengespanne der hellenistisch-römischen Zeit. Während hier die Idee bereitwilliger Dienstbarkeit zu Grunde liegt, wird eine humoristische Scene daraus, wenn auf der Münchener Amphora 1119 ein Silen kutschiert und zwei Genossen den Wagen ziehen. Ein Bruchstück des Typus, Silen und Maenade gekoppelt in vollem Lauf mit erhobenen Armen, genau wie auf dem Berliner Gefäss, findet sich auf einer Würzburger Amphora III, 243 = Micali, Storia tf. 80, 1, ein Anzeichen, dass er wohl häufiger angewandt sein muss, als das eine erhaltene Monument glauben macht. Auch die rf. Vasenmaler behalten die von ihresgleichen gezogenen Silene bei (Schale, Klein, Meistersign. 113, nr. 10 B) und eine höchst lustige Motivierung erhält das Ganze auf dem Kylix Fröhner, Choix des vases gr. pl. 5, wo ein Silen, bewaffnet mit Schild und langem Phallus oculatus, auf einem mit zwei Kameraden bespannten Wagen in höchster Eile dem Dionysos in den Gigantenkampf zu Hilfe eilt.

Eine geschlossene Gruppe für sich bilden die Scenen, wo das **Lesen und Keltern des Weines** von Silenen ausgeführt wird. Silene, die für ihren Herrn Trauben pflücken, wurden schon angeführt (München 1325. Dazu noch Mon. IX, 11). Besonders originell wird die Sache auf einer kleinen Würzburger Lekythos (III, 26) behandelt, wo um den kolossal gebildeten sitzenden Dionysos fünf Silene mit affenartigen Bewegungen in den Zweigen eines Baumes klettern, während zwei weitere sich am Boden befinden und eine Maenade mit Korb auf dem Rücken abgeht. Auch einzeln kommen gelegentlich kletternde Silene vor (Gerhard, Akad. Abh. tf. 68). Oft aber wird Weinlese und Kelter in ein Bild zusammengezogen, wie auf der oben s. 16 beschriebenen Würzburger Amphora. Die dort verhältnismässig ruhige Scene wird oft sehr lebendig und nicht ohne Humor ausgestaltet (Gerhard, A. V. 15, 2. Inghirami, Vasi fitt. III, 262. Milliet-Giraudon, Vases du Cabinet des Médailles, I, 45—47. München

1110).¹) Im wesentlichen unverändert findet sich der Gegenstand auch rf. (Brizio, Vasi di Bologna tf. I, 3) und erfährt dann bis in die hellenistisch-römische Zeit hinein die mannigfaltigsten Variationen.

Von Geräten sind für den Thiasos Trinkgefässe und Musikinstrumente naturgemäs die wichtigsten. Trinkhörner, Schläuche, die auf dem Rücken geschleppt werden, Oinochoen finden sich in den Händen der Silene, der Kantharos bleibt meist dem Dionysos und Hephaest reserviert. Hie und da machen sich die Silene um grössere Vorratsgefässe zu thun (München 48; 286. Würzburg III, 93, wo ein Silen eine Amphora in den im Boden steckenden Pithos entleert), aber im allgemeinen wissen sie noch nicht viel Scherz mit diesen Dingen zu treiben, während für die rf. Maler das Verhältnis des Trinkers zu seinem Schlauche eine wahre Fundgrube origineller Motive, besonders für das Schaleninnere, wird.

An Musik ist neben der Doppelflöte und den Krotalen der Maenaden (selten ein Silen mit Krotalen, Br. Mus. 623) die edlere Kithar gleichberechtigt. Doch wird der Unterschied gemacht, dass zum Tanz nur die ersteren gespielt werden, während die Leier in ruhigen Situationen und bei Aufzügen von einer gewissen Feierlichkeit verwendet wird. (Für letztere gutes Beispiel Gerhard, A. V. 52. Ferner Panofka, Vasi di premio tf. 3. Inghirami, V. f. I. 38. Br. Mus. 546. Creuzer, Gall. zur Arch. III, 6). Auch hier bleibt es der rf. Malerei vorbehalten, die eigentliche Wirkung der Musik zu schildern und musikalische Stimmungsbilder zu schaffen.

Ebenso kurz kann auch die Tracht der Thiasoten behandelt werden. Die Silene sind immer nackt. Nebris (Schöne, Museo Bocchi tf. 15, 3; nr. 113) oder gar Pantherfell (ebenda nr. 171) sind grosse Ausnahmen. Die Maenaden erscheinen in langem oder wenigstens bis über die Kniee

---

¹) Wie mir Arndt mitteilt, ist auf der athenischen Akropolis ein Pinax mit der Weinlese der Silene gefunden.

reichenden Chiton, darüber die getüpfelte Nebris geknüpft oder würdiger mit umgeschlagenem Himation. Kurzbekleidet sind sie in der Regel nur (s. jedoch oben s. 40), wenn sie nach Männerart zu Maultier sitzen (Berlin 1733, 1990. München 551. Scherbe aus Athen, München). Nur beim Reiten auf dem Stier pflegt die Doppelbekleidung beibehalten zu werden (s. u.). Nackte Maenaden kommen in ruhiger Stellung nicht vor, wohl aber reitend, auf flüchtigen Gefässen, wo man offenbar aus Bequemlichkeit den ganzen Körper weiss gemalt hat (München 489, 454).
Mehr als im rf. Stil spielen auf den sf. Vasen die Tiere eine Rolle. Vor allem das Maultier, das sein Bürgerrecht in diesem Kreise durch einen gewaltigen Phallus zu dokumentieren pflegt, an den nicht selten eine Kanne gehängt wird. Es trägt ausser dem Hephaest Dionysos selbst oder Maenaden. Aber auch die Silene, ausser dass sie mit ihm Mutwillen treiben wie auf Gerhard A. V. 95—96, schwingen sich gelegentlich hinauf (München 147, 312. Berlin 1740, 1874). Ebenso wird der Bock, der häufig attributiv neben Dionysos erscheint (Gerhard A. V. 32) als Reittier (ebenda 55) und als Zugtier (ebenda 54) benutzt. In dem vorletzten Beispiel bricht wieder ein nicht so sehr häufiger Humor durch, indem an den reitenden Silen von hinten ein zweiter herantritt, um dem Bocke weit ausholend mit der Hand eins drauf zu geben; auf dem weissgrundigen Napf Berlin 2069 packt ein Silen den Bock, der an einem Baum in die Höhe springt, von hinten am Schwanz. Auch mit Rehen machen sich die Silene zu schaffen (München 1158. Masner, Wien. Vasen 296). Die Tiere werden bisweilen halb attributiv getragen, ein Reh von einem Silen München 1207, Panther und Bock von Maenaden auf der Oinochoe Arch. Ztg. 1854, tf. 71, Hase[1]) und Reh auf der Amphora des Amasis, ein Reh am Geweih auf der Lekythos Collignon 311. Der Stier, der vereinzelt

---

[1]) Panther und Hase sind aber noch sehr selten, Schlangen in den Händen der Maenaden eine grosse Ausnahme; s. u.

neben Dionysos (Berlin 1844) oder ihn tragend (Gerhard, A. V. 47) erscheint, wird sonst nur von den Maenaden als Reittier benutzt (Gerhard, A. V. 149. Berlin 2009. Petersburg 133. De Witte, Cat. Durand, 191, 192). Aber nicht eigentlich mitten im Thiasos. Tiefere Bedeutung wird der Darstellung kaum zu Grunde liegen, künstlerisch stimmt sie ganz überein mit der der entführten Europa, als welche die reitende Frau einmal inschriftlich, hier natürlich ohne bacchische Attribute, bezeichnet wird (Gerhard, A. V. 40). Dass die Maenade aus jener entstanden ist, dürfte aus der hier regelmässig auftretenden Doppelgewandung zu schliessen sein. Vgl. auch Jahn, Entführung der Europa s. 17 f.

Mit verhältnismässig wenig Worten konnte so das ganze Repertoir der sf. Malerei an bacchischen Typen und Motiven umschrieben werden. In weiser Selbstbeschränkung sucht die Kunst noch keine Dinge darzustellen, die ihre Ausdrucksmittel überschreiten würden — so vermag sie z. B. die Trunkenheit noch nicht wiederzugeben —, sondern hält sich an wenige, rein poetische Grundgedanken, die im Silhouettenstil darstellbar sind und die nun mit wenigen Varianten unermüdlich und recht oft mit handwerksmässiger Langeweile wiederholt werden. Ein Abbild irdischer Lust und Freude, voll derber Sinnlichkeit, wie es dem Geschmacke eines kerngesunden, kraftvollen, aber eben erst zu höherer Kultur sich emporarbeitenden Volkes entspricht, hie und da schon Spuren eines harmlosen Humors — das wäre etwa die geistige Signatur dieser Bilder. Von dem Orgiasmus des Bacchusdienstes, der zu dem poetischen einen religiösen Stoff hinzubringen würde, ist noch eben so wenig zu spüren, wie von einer Einwirkung der praktischen Gottesverehrung im Kultus oder von sonstigen Beziehungen zu den Verhältnissen der realen Welt. Einzig eine kleine Anzahl von sf. Gefässen bringt derartige Elemente, aber Form und Technik derselben legen nichts in den Weg, diese aus der geistigen Sphäre der übrigen völlig herausfallende Gruppe der späteren, dem rf.

Stil parallel laufenden Entwicklung zuzuschreiben. Sie werden weiter unten behandelt werden, um hier zunächst die jüngere Auffassung des bacchischen Thiasos von der Zeit des beginnenden rf. Stils an im Gegensatz zu jener älteren kurz zu skizzieren. Ein genaueres Eingehen darauf ist nicht beabsichtigt, aber die Gegenüberstellung ist nötig, um das Bild des sf. Thiasos schärfer zu umgränzen. —
Rein äusserlich zeigt sich im rf. Stil zunächst der beginnende Kontakt mit der in der Wirklichkeit geübten Verehrung des Dionysos in dem Auftreten ganz neuer Attribute: Thyrsos, Fackeln, Schlangen, Tympanon, dann schon von tieferer Bedeutung, Messer und zerrissene Tiere; alles Dinge, die in dem historischen Kult des thrakisch-thebischen Dionysos eine grosse Rolle spielen. Euripides Bakchen sind die für uns massgebendste poetische Fixierung dieses Mythenkreises, in dem in bemerkenswertem Gegensatz zur Auffassung der bildenden Kunst die Silene eine ganz nebensächliche Bedeutung haben; auch im hinteren Giebel des delphischen Tempels fehlen sie. Die jetzt beginnende Einwirkung dieses orgiastischen Kultes wird nicht nur durch die neuen Attribute bewiesen, sondern vor allem durch das Auftreten von ihm speziell eigenen Mythen, der Tötung des Orpheus, des rasenden Lykurgos, der Verfolgung des Pentheus u. a. Auch erscheinen jetzt mythologisch idealisierte Darstellungen von historischen Dionysosfeiern [1]) (Rapp, die Maenade in Kultus, Kunst und Poesie. Rh. Mus. N. F. 27, s. 581 ff.). Und endlich reden die Monumente deutlich genug, um erkennen zu machen, dass es sich nicht immer mehr allein um das lustig-idyllische Treiben der Thiasoten untereinander oder in leichter Dienstbarkeit des Gottes handelt, sondern dass man es in manchen Fällen mit dem verzückten Toben zu religiöser Verehrung des Gottes zu

---

[1]) Eine der ältesten bacchischen Opferdarstellungen dürfte die des Nikosthenes sein (Wien. Vorl. 1890·91, tf. 7, 1), wo bezeichnender Weise weder Gott noch Maenaden entscheidend charakterisiert sind. Silene in diesen Opferscenen sind sehr selten.

thun hat. In solchen Darstellungen des strengen und schönrf. Stils wird der Thiasos von der poetischen Stufe auf eine höhere, von religiösem Gehalte erfüllte gehoben; erst hier wird eigentlich die Nymphe zur Mainas, zur Bakche. Das Eindringen kultereller Elemente zeigt sich ferner in den Darstellungen von Hermenkult, der von bacchischen Personen ausgeübt wird (Beispiele bei Gerhard, Akad. Abh. tf. 63—66). Auch die Geburt und Kindheitspflege des Dionysos wird erst jetzt dargestellt,[1]) gleichfalls ein Mythus, der mehr dem Kultus als der Poesie seine Ausbildung verdankt. Als eine Uebertragung allgemeiner Gedanken aus der historischen Entwicklung in die mythische Welt ist es endlich anzusehen, wenn die Musen oder Gestalten wie Tragodia, Komodia, Eirene sich dem Thiasos angliedern, der poetische Ausdruck für die Thatsache, dass die höchsten Blüten der Kultur, die durch jene Wesen vertreten werden, sich in Hellas aus dem Kult des Dionysos entwickelt haben.

Daneben erfreuen sich natürlich die älteren Bestandteile des bacchischen Repertoirs einer unverminderten Beliebtheit. Das Neue, was hier hinzutritt, besteht weniger in einer veränderten Grundauffassung, als in dem Fortschritt zu verfeinertem Geschmack und grösserer künstlerischer Durchbildung. Bis zu welcher Feinheit und Intimität der Stimmung die beste Zeit der Vasenmalerei, trotz des streng festgehaltenen linearen Charakters der Zeichnung, gelangen konnte, zeigt der herrliche Aryballos bei Furtwängler, Sammlung Saburoff tf. 55; Musik und Tanz sind hier nicht mehr Genuss des Einzelnen, sondern eine künstlerische Leistung, welche die Zuschauer mit bewunderndem Interesse erfüllt. Ebenso wird das Verhältnis des Thiasos zum Gotte mit der feinsten psychologischen Empfindung durchtränkt (Deinos, ebenda tf. 56—57), oder der Herr straft auch einmal seine

---

[1]) Auf einem korinthischen Thongefäss tritt die Bacchusgeburt, wenn die Deutung richtig ist, schon sehr viel früher auf. Raoul-Rochette, Choix de peint. de Pomp. s. 73. Wilisch, Die altkorinth. Thonindustrie s. 143.

übermütige Umgebung mit Thyrsusschlägen (Arch. Ztg. 1873, tf. 14). Gegen die täppische Begehrlichkeit der Silene setzen sich die Maenaden mit Thyrsen und Schlangen kräftig zur Wehre, lassen sich aber gelegentlich eine gesittete Liebeswerbung gefallen (Gerhard, A. V. 80, 2). Immer neue Possen wissen die Silene mit ihren Trinkgeräten anzustellen (vgl. die Balanciermotive besonders bei Brygos) und so entfaltet sich dem ärmlichen Typenvorrat der sf. Vasen gegenüber ein Bild voll der unendlichsten Mannigfaltigkeit.

Je mehr man aber den Gedanken dieser ewig heiteren, dabei nichtsnutzigen und etwas beschränkten Elementargeister zu Ende dachte, desto weiter entfernte man sich wieder von der strengen Auffassung, die sie zu Begleitern des Weingottes und damit nur zu einer vielfältigen Illustration seines Wesens machte. Gegen die hellenistische Zeit hin werden sie von neuem die Naturdaemonen, die sie zu Anfang gewesen, neckische Kobolde in Gebüsch und Wald, die überall mit erstaunter Miene und neugieriger Geberde auftauchen, wo es etwas zu sehen giebt, die dem schlafenden Herakles seine Waffen stehlen (Millingen, Peintures tf. 35) oder von Perseus mit dem Medusenhaupt in gehörigen Schrecken versetzt werden (ebenda tf. 3). Vgl. Amelung, Personifizierung des Lebens in der Natur. Wie weit diese Auffassung ihren Ausgang vom Satyrdrama nahm (vgl. Euripides Kyklops) und wieviel die konsequente Entwicklung der poetischen Grundgedanken dazu that, ist schwer zu sagen. Reines poetisches Genre ist es gewiss, wenn die Silene Hasen, Füchse oder Mäuse jagen (Heydemann, Berl. Winck. Prgr. 1870); wenn sie dagegen in höchst gelungener Parodie Heraklesthaten vollbringen (Heydemann, a. O. Curtius, Herakles der Satyr und Dreifussräuber, Berl. W. Prgr. 1852), ist das schon mehr „im Geiste des Satyrdramas", wie sich Heydemann mit berechtigter Reserve ausdrückt. Auffallend ist, dass schon sehr früh, nämlich auf einer Vase des Hischylos (Klein, M. S. s. 101, 2) und einer streng rf. Schale

(Gerhard, A. V. 50, 5) Silene mit Schild und Trompete in unverkennbar parodisch-humoristischem Sinne auftreten, ein weiteres Zeichen, dass gleich nachdem die Bande der sf. Technik gefallen, der ganze Strom neuer Gedanken und Motive durchbricht.

Dass sich die ältere Auffassung des Thiasos so deutlich gegen die jüngere abgränzen lässt, mag zum teil in dem verfeinerten und beweglicheren geistigen Leben einer fortgeschrittenen Epoche seinen Grund haben, zum grösseren Teil aber sicher in der unendlich grösseren Ausdrucksfähigkeit der neuen Technik. Auch ihre ersten Leistungen, so sehr ihnen noch archaische Formgebung anhaften mag, gehören innerlich viel enger mit der jüngeren Entwicklung zusammen, sodass wir schon die Typen des Uebergangsstils nicht mehr zu den archaischen zu rechnen haben. Wie nun mit der Möglichkeit einer physiognomischen Differenzierung die Silenstypen mancherlei Wandlungen durchmachen, fällt ausserhalb der Gränzen unserer Untersuchung. In grossen Zügen hat Furtwängler die Entwicklung geschildert, auf den ich hier verweise (Ann. 1877, 184 ff.). —

Die Beschränktheit des Ideenkreises der sf. Gefässe wird es nun ohne weiteres klar machen, dass die folgenden sf. Darstellungen ihrem Geiste nach durchaus der jüngeren Zeit angehören.

Zwei sf. Vasen, aus Sizilien und Bologna, (Iudica, Antichitá di Acre, tf. 26 = Inghirami, V. F. 33 = Panofka, Vasi di premio 4, 2 = Müller-Wieseler, Dkm. II, 48, 604. — Brizio, Vasi di Bologna, tf. 1, 4) zeigen übereinstimmend Dionysos und zwei flöteblasende Silene in einem auf Rädern laufenden Schiffe, während auf der anderen Seite eine Prozession mit Opfergerät und einem Stier voranschreitet; im Zuge des Bologneser Gefässes sind die männlichen Teilnehmer durch Silene ersetzt, von denen zwei zottig sind (s. o. s. 19, nr. 29). Man wird sofort an die dionysischen Festzüge erinnert, wie sie uns in einem glänzenden Beispiel in der Pompa des Ptolemaeus Philadelphus in Alexandria geschildert werden (Athen. V, p. 196 A. Overbeck, Schr. Qu. 1990). Mag auch schon in der guten griechischen Zeit ähnliches in bescheidenerem Umfange stattgefunden haben und eine Herabdatierung der Vasen in hellenistische Zeit vielleicht nicht nötig sein, aus der Auffassung des sf. Stils fallen sie jedenfalls völlig heraus, denn sie vermischen Mythisches mit Rituellem.

Aehnliches gilt von der absonderlichen Darstellung der Florentiner Schale (oben s 19, nr. 28), für die der Herausgeber Heydemann keine vollständige Deutung versuchte. Das Gerät, welches die nackten Männer tragen, ist der Teil eines Pfluges, der horizontal liegende sogenannte Schaarbaum, an den vorne das Eisen befestigt wird, und schräg in dem Schaarbaum stehend das Krummholz, an welches die Deichsel angesetzt wird. Ein senkrechtes Stück, die Sterze mit Handhabe, fehlt. Alle drei Enden des Geräts sind als phalli oculati gebildet, was durch die schon erwähnte Phalluslanze des Silens bei Fröhner, Choix d. V. g. 5 unzweifelhaft klar wird. Mit Unrecht lehnt Heydemann diese Deutung ab. Der Phalluspflug der florentiner Schale wird in feierlicher Prozession, mit Wollbinden geschmückt, einhergetragen, und wir haben es ganz ohne Zweifel mit der parodischen Darstellung jener Phallusumzüge zu thun, von denen einer in Aristophanes Acharnern (v. 241—279) aufgeführt wird, die aber nicht ausschliesslich in Attika üblich waren (Preller, Gr. M.[3], 588, Anm. 1). Die Verbindung von Pflug und Phallus, d. h. des Gedankens von Ackern und Zeugen, beruht auf einer den Griechen sehr geläufigen Metapher. ἀρόω bedeutet ackern und befruchten, (Sophokles O. R. 1497: τὴν τεκοῦσαν ἤροσε), ἄρουρα den Mutterschooss (ebenda 1257), ἀροτὴρ τέκνων den Vater (Eurip. Tro. 135) und bei Nonnos (Dion. 18, 228) ist ἄροτρον = τὸ αἰδοῖον. Dass nicht nur in der poetischen, sondern z. B. auch in der Urkundensprache der Begriff geläufig war, zeigt die herkömmliche Formel in den attischen Eheverträgen: ἐπὶ παίδων γνησίων ἀρότῳ. Ob nun wirklich solche Phalluspflüge bei Umzügen in Gebrauch waren oder das Ganze blos ein Künstlerscherz ist, dürfte schwer zu sagen sein; genug, dass der Sinn klar ist. Der dicke Mann, der auf der einen Seite auf dem Gerät steht, ist ohne Zweifel als der Pflügende zu fassen, und seine Stellung kann etwa dadurch erklärt oder motiviert werden, dass man beim Ackern auf den Schaarbaum trat, um die Pflugschaar fester in den Boden zu drücken (so auf der sf. Vase Baumeister Dkm. tf. I, 3 mit Blümners Erläuterung s. 11). Dass ihn auf der anderen Seite ein Silen ersetzt, der von einem Manne mit Kentron geritten wird, erhöht nur den burlesken Charakter des Ganzen, in das ein Vertreter der zeugenden Naturkraft natürlich vortrefflich passt. Dass eine derartige halb parodische, halb kulturelle Vorstellung dem in ganz anderen Ideen sich bewegenden Archaismus der sf. Vasen völlig fremd ist, bedarf wohl keines Hinweises mehr. Es war somit berechtigt, diese wie die Bologneser Vase bei der Besprechung des zottigen Silens als für die Konstatierung der ältesten Typen incompetent auszuscheiden (oben s. 20).

Von nebensächlicherer Bedeutung ist es, wenn sich vereinzelt Schlangen in den Händen der Maenaden finden; ausser der sorgfältigen Amphora Ann. 1882, tf. J sind es nur Gefässe von höchst minderwertiger Ausführung (München 179. Berlin 2090. Weissgr. Lekythos München 245). Dasselbe gilt vom Thyrsos (München 245. Br. Mus. 703, Tasse „rohen Stils"). In den Kreis der parodischen Darstellungen gehören dann Silene mit Halteren (sf. Tasse München 348), die ihre Parallele in den palaestrischen Satyrn der rf. Amphora München 542 finden. Parodisch muss ebenfalls der von de Witte, Cat. Durand nr. 194 beschriebene sf. Becher sein: zwei Satyrn mit Keule und Lanze im Kampf gegen drei Hopliten. Der Silen mit Doppelbeil neben einer Herme auf der Kanne Berlin 1928, (abg. Gerhard, Akad. Abh. tf. 64, 2) zeigt durch die Ausführung deutlich, dass das Gefäss dem „späten" Archaismus angehört. Und so wird uns endlich auch ein bei

Stephani, C. R. 1868, s. 147 beschriebenes sf. Gefäss in der oben entwickelten Anschauung nicht irre machen können, wo fünf Maenaden, von denen drei Thyrsen tragen, mit einem Trankopfer um eine Dionysosherme beschäftigt sind; es ist ganz die Auffassung der zahlreichen rf. Darstellungen. —

4. Komos-Darstellungen.

Die Idee einer sorglosen, überschäumenden Lebensfreude, die im Thiasos unter Abstossung aller älteren mythischen Functionen der Silene zum Ausdruck kommt, tritt daneben auch in anderer Einkleidung, als menschliches Gelage, Tanz und Komos auf, Darstellungen, auf die aus zwei Gründen noch kurz ein Blick zu werfen ist. Erstens stehen in der sf. Malerei die komastischen Typen in engster Beziehung zu den bacchischen; und zweitens ersetzt in denjenigen archaischen Kunstkreisen, denen das dionysische Gefolge fremd bleibt, das übermütige Treiben menschlicher Gestalten jene daemonischen Wesen.

Im attischen sf. Stil ist gegenüber der Fülle bacchischer Darstellungen der menschliche Komos selten und hat keine originelle Durchbildung erfahren, sondern lehnt sich da, wo nicht Festtänze religiösen Inhalts geschildert werden (wie auf dem altattischen Dreifuss Arch. Ztg. 1883, tf. 3), meist völlig an die Motive des dionysischen Kreises an. Gute Beispiele dafür sind Gerhard A. V. 285, wo menschliche und bacchische Tänze nebeneinander stehen, und die Amphora München 434, auf welcher in einem Aufzug von Männern das Motiv der auf der Schulter getragenen Frau wiederkehrt. Als charakteristisch vergleiche man auch München 379 (Amphora) und Berlin 1708 (Amphora). Auf der Amphora Würzburg III, 101 stimmt die Darstellung eines Gelagerten, einer sitzenden Frau und tanzender Gestalten so sehr mit den üblichen bacchischen Bildern überein, dass die Beschreibung die menschlichen Tänzer irrtümlich für Satyrn nehmen konnte. Neben der Masse der Durchschnittswaare finden sich aber hie und da höchst individuelle Leistungen, wo der Maler aus eigenen Mitteln schöpft, wie der Krug des Xenokles und Kleisophos (Wien. Vorl. 1889, tf. 1, 3) oder auch die Lekythos aus Attika Berlin 1947. Aber erst im rf. Stil entsteht das spezifische Bild des attischen Komos als eines rauschenden Umzuges übermütiger junger Leute in Begleitung einer Flötenspielerin, wie er im Treiben der goldenen Jugend Athens sein Vorbild fand (vgl. Engelmann, Ann. 1879, s. 243 f., tf. U).

Andrerseits gehen Darstellungen von Gelage und Tanz sehr weit, ja bis in die älteste uns zugängliche Typik hinauf, doch haben sie auf die Entwicklung der dionysischen Bilder anscheinend keinerlei Einfluss gehabt. Sie verdienten hinsichtlich ihrer gedanklichen Grundlagen, ob an Kult oder Mythus anknüpfend oder ob als genrehafte Wiedergabe des wirklichen Lebens gedacht, eine eigene zusammenhängende Untersuchung. Wir wollen nur kurz auf diejenigen Typen hindeuten, die in nichtattischen Kunstkreisen der unzweifelhafte Ersatz des dionysischen Elements sind. Das sind vor allem die auf korinthischen[1]) Gefässen so häufigen Tänze von Männern, selten mit Frauen untermischt, die in höchst burlesken Bewegungen mit Trinkhörnern einherspringen oder sich um grössere Gefässe zu thun machen (Ephem. arch. 1885, tf. 7. Mon. X, 52); allen charakteristisch ist das übertriebene Herausstrecken des Hinteren und beabsichtigt ist jedenfalls die Wiedergabe wirklich geübter Tänze (vgl. Holwerda, Jahrbuch V, 252). Einförmig wie der Stoff, sind die Motive. Lebendiger werden sie erst, wenn sie in anderen Kunstgebieten nachgeahmt werden, wie wir es oben (s. 40) auf der chalkidischen Amphora in Leyden fanden, und wie es in ausgedehnterem Maasse auf den korinthisch-attischen Vasen (Holwerda, a. O. s. 237 f.) geschieht. Ebenfalls mit den Silenen unbekannt, weil im Gebiete dorischer Stämme

---

[1]) Dass Milliet, études sur la cér. s. 50 auf einem korinthischen Pinax einen Silen am Töpferofen erwähnt, dürfte ein Versehen sein. Es wird ein ithyphallischer Mann sein wie auf dem Berliner Pinax 829.

entstanden, sind die kyrenaeischen Schalen, auf denen sich richtige Gelage, aber auch tanzende und flöteblasende Männer um Weingefässe gruppiert finden (Arch. Ztg. 1881, s. 236 f.); bei den letzteren ist es nicht immer ausgemacht, ob es sich um Genrebilder ausgelassener Lebenslust und nicht vielmehr um Opferscenen handelt (z. B. a. O. tf. 13, 1).

5. Etrurien.

Endlich mag noch eines Nebenstromes der Entwicklung in Etrurien gedacht werden, in dessen archaischer Kunst die Silene aus der poetischen Sphäre in diejenige daemonistisch-sepulcraler Vorstellungen gezogen werden. Das wichtigste Beispiel ihrer Verwendung im Grabkult ist der Nenfro-Sarkophag aus Chiusi Mon. VIII, tf. 2; Ann. 1864, 28 f. (Helbig),[1]) auf welchem sich als Gegenbilder zu dem üblichen Totenmahl der Sterblichen und einer Opferscene ein sich innerhalb der gewöhnlichen Typik haltendes Gelage von Silenen (mit gespaltenen Hufen, einer seltenen Variante) und auf der Nebenseite obscöne Gruppen von Frauen und Silenen finden. Helbig sieht hier ohne Zweifel mit Recht den Einfluss bacchischer Mysterien, welche ihren Gläubigen das Leben nach dem Tode in diesem Sinne ausmalen; doch zweifelte er, ob man in den Silenen direct die dii manes zu sehen habe (s. 42), was Brunn (mündlich) anzunehmen geneigt ist. Eine Bestätigung, dass man wirklich innerhalb dieser mystischen Anschauungen sich die Abgeschiedenen als Folger des Dionysos in ewiger bacchischer Fröhlichkeit fortlebend dachte, bietet eine lateinische Inschrift aus Doxato in Makedonien (Heuzey, Mission arch. en Macéd., s. 128), wo gesagt wird, dass die Bromio signatae mystides oder die Nymphen einen jung verstorbenen Knaben als Satyrn in ihren Kreis aufnehmen (Vgl. Voigt in Rosch. Lex. I, 1032). Können wir also mit ziemlicher Sicherheit die Silene des Sarkophags

---

[1]) Fragmente eines ähnlichen Sarkophags Micali, Storia tf, 53, 1.

als dii manes fassen, so wird der gleiche Gedanke zu Grunde liegen, wenn auf Wandgemälden in Grabkammern der bacchische Thiasos dargestellt wird (Ann. 1863, pag. 342, nr. 2. Bull. 1881, s. 92; Helbig), auf letzterem Dionysos im Kreise von zehn hufigen Silenen; oder wenn sich auf einer Grabstele von Fiesole (Florenz. Gori, Iscr. Ant. II, s. 104) ein ruhender, zur Leier singender Silen findet. Auch die Silene des Leuchters von Cortona dürften ihre Zusammenstellung mit Todesgöttinnen einer ähnlichen, nur nicht so scharf zu praecisierenden Idee verdanken. – Dass sie daneben auch in dem griechischen Sinne in Geltung blieben, bedarf keines Hinweises.

In kurzem sind also die Phasen, welche die Silene durchlaufen, folgende: Entstanden durch Differenzierung aus der grossen Familie der indogermanischen Winddaemonen, treten sie auf verschiedenartigen älteren Monumenten noch als reine Naturgeister ohne bacchische Bedeutung auf. In Attika zuerst erhält der Thiasos des Dionysos seine allseitige Ausbildung. Er wird zunächst nur nach den einfachsten poetischen Grundbegriffen seines Wesens erfasst, dringt mit Beginn der rf. Technik zu grösserer Freiheit und Mannigfaltigkeit durch und erfährt noch auf sf. Bildern das Eindringen religiöser und kultureller Elemente. Durch Verfeinerung der künstlerischen Motive und Vertiefung der psychologischen gelangt der Thiasos auf den Vasen mittleren Stils zu seiner höchsten Vollendung. Gegen Ende des schönrf. Stils lockert sich wieder das enge Verhältnis zu Dionysos, das eine künstlerische Einheit aus ihm machte, sodass die Satyrn im malerischen Stil in verändertem Sinne als Vertreter einer poetischen Naturempfindung verwendet werden können, die dem sentimentaleren Charakter der hellenistischen Epoche entspricht. In einer Nebenströmung endlich müssen die Silene bei den Etruskern als Repraesentanten eines seligen Lebens nach dem Tode dienen.

III.

Die Brunnschen Probleme.

Die gesonderte Behandlung der sf. Silensdarstellungen aus griechischen Funden hat gezeigt, dass innerhalb derselben zwischen der Françoisvase und einer späten, gegen das Ende des sf. Stils gehörigen Gruppe eine grosse Lücke klafft. Die italischen Gefässe bieten uns die fehlenden Mittelglieder und kunstmythologisch sind sie ohne Zweifel als vollgültige Zeugnisse zu betrachten. Denn die Geschlossenheit des Bildes, das aus ihnen vom sf. Thiasos entworfen werden konnte, und die Uebereinstimmung desselben mit der geistigen Sphaere, die wir für die Zeit des echten Archaismus vorauszusetzen haben, beweist, dass man sich bei einer Nachahmung des alten Stils jedenfalls mit ziemlicher Strenge an die alten Muster gehalten hat.

Dass den italischen Gefässen kunstgeschichtlich die gleiche Stelle zukommt, d. h. dass sie wirklich im Athen des 6. Jahrh. entstanden sind, ist damit noch nicht erwiesen. Vielmehr ergeben sich innerhalb unseres beschränkten Stoffgebietes einige sachliche, vor allem aber schwerwiegende künstlerische Momente, welche die Forderung Brunns nach einer getrennten Vergleichung der griechischen und italischen Gefässe als dringend berechtigt erscheinen lassen.

1. Der hufige Silen findet sich auf echtgriechischen Gefässen niemals zusammen mit dem menschenfüssigen. Wo er auf italischen Vasen neben letzterem erscheint, ist nirgends ein besonderer Sinn damit verbunden und an ein Schwanken des Typus ist bei der Art der Gefässe, die in die Mitte und

nicht etwa an den Anfang des sf. Stils gehören, nicht zu denken. Die Thatsache kann also nur als ein absichtliches Altertümeln erklärt werden, wie wir ja in zwei Fällen fanden, dass der pferdeschenklige Typus des Klitias bewusst wieder aufgenommen wurde. Derartiges pflegt nicht einer fortschreitenden originalen Entwicklung, wohl aber einem Kunstbetrieb eigen zu sein, der ältere oder überhaupt fremde Vorbilder fabrikmässig wiederholt (s. auch unten).

2. Der zottige Silen findet sich auf Vasen griechischen Fundorts in der archaischen Kunst bis jetzt nicht. Es muss auffallen, dass ein grosser Teil der oben zusammengestellten Vasen sicher (21, 23, 24, 25, 27, 30) und die aus der Campanaschen Sammlung (26, 28) möglicherweise aus Vulci stammen; nur 22 ist aus Caere und 29 von Bologna. Ob daraus vom Brunnschen Standpunkt Schlüsse für eine etwa vorwiegend für Vulci arbeitende Fabrik, in der diese Variante beliebt wurde, zu ziehen seien, kann nur in grösserem Zusammenhang erwogen werden. Auch nach der landläufigen Classifizierung musste ein Teil der Darstellungen als jünger ausgeschieden werden und als hocharchaisch blieben uns nur nr. 21—23. Wenn aber die Typen der Phineusschale und besonders der an den Konturen seines Leibes mit hakenförmigen Zotteln versehene Papposilen des chalkidischen Gefässes (22) nicht durch Parallelen griechischen Fundorts belegt werden können, wird der Thatbestand ihrer Vereinzelung im Archaismus ein Gewicht zu gunsten Brunns in die Wagschale werfen. Zumal der chalkidische Zottelsilen wird dann seine nächsten Verwandten erst in den Papposilenen der Bühne, der rf. Malerei und der Plastik finden.

3. Das nachgewiesene Eindringen von Elementen einer jüngeren Auffassung des Thiasos in die sf. Darstellungen ist oben aus dem Fortbestehen neben dem rf. Stil erkärt worden. Ein Gegenstand wie Dionysos im Prozessionsschiff ist aber kaum vor dem 4. Jahrh. möglich, weil die dazu

vorauszusetzenden dionysischen Pompai in grösserem Stile nicht eher in Aufnahme kommen. Dass aber der sf. Stil so lange **ununterbrochen** fortgelebt haben sollte, ist aus äusseren und inneren Gründen nicht wahrscheinlich. (Dass er es auf den athenischen Preisamphoren wirklich thut, ist kein Gegengrund, weil diese anderen Bedingungen unterliegen.)

Die geringe Anzahl der sf. Bilder, welche eine jüngere Auffassung des bacchischen Stoffes verraten, erklärt sich leichter bei der Annahme, dass man den Stil zu einem späteren Zeitpunkt fabrikmässig wieder aufnahm, als wenn er sich in ununterbrochener Folge neben dem rf. Stil bis ins 4. Jahrh. fortgesetzt hätte.

4. Die Hauptsumme bacchischer Darstellungen findet sich in Italien auf Amphoren, in Griechenland auf Lekythen. Eine Amphora mit bacchischen Darstellungen aus Griechenland ist mir nicht bekannt geworden. Bei der Art der Erhaltung der Vasen in Griechenland **kann** dieser Umstand bedeutungsloser Zufall sein; für die getrennte Behandlung griechischer und italischer Gefässe ist er aber zu beachten, da in der Abgrenzung der Stoffgebiete auf die Gefässgattungen ein für die Brunnschen Gedanken wertvolles Beweismaterial liegen kann.

5. Von weit höherer Bedeutung aber sind die Unterschiede griechischer und italischer Gefässe inbezug auf das Künstlerische. Lehrreich in dieser Hinsicht ist vor allem der griechische Teller bei Dr. Naue (oben s. 48, 57), der das auf den italischen Gefässen häufige Schema der getragenen Maenade zeigt — also sachliche Uebereinstimmung —, aber erstlich durch einen höchst originellen Zug, das Aufschauen des einen Trägers, bereichert ist und zudem trotz der keineswegs sorgfältigen Ausführung von ganz anderer innerer Empfindung zeugt als die italischen Produkte. Geradezu vorzüglich drückt sich an dem Silen in der Mitte die Mühe des Tragens in dem vornübergebeugten Kopf,

dem gekrümmten Rücken und dem fest auftretenden linken Bein aus, während die italischen Gefässe, von denen die Münchener mit dem Originale direct verglichen werden konnten, meist das trockene archaische Knielaufschema beibehalten und ihre Gestalten an innerer Leblosigkeit leiden, auch wenn die Einzelheiten gut ausgeführt sind. Hier handwerksmässige Routine — dort Lässigkeit, aber die Frische unmittelbarer Empfindung; es ist etwa das Verhältnis wie zwischen der kecken Sicherheit des griechischen Meissels gegenüber der trockenen Sorgfalt der römischen Kopie.

Denselben individuellen Zug zeigen auch die allerflüchtigsten griechischen Produkte, so die bei Stackelberg abgebildeten kleinen Lekythen (oben s. 48), auf denen der Maler ganz nachlässig, aber gewissermassen aus dem Vollen schöpfend und nicht ohne Geist den Pinsel geführt hat. In Italien findet sich Aehnliches nicht. Andrerseits sind auch Zeichnungen von der Feinheit des Saburoffschen Aryballos (oben s. 63) in Italien sehr selten, während alle echtgriechischen Bilder im Faltenwurf, im Profil der Gesichter etwas von dem Atticismus dieses Gefässes an sich tragen, die Spuren einer auch bei handwerksmässiger Wiederholung immer noch empfindenden Hand. Wie stark die schematische Strenge auch der besseren rf. Gefässe italischen Fundorts dagegen absticht, kann man am besten bei unmittelbarer Nebeneinanderstellung fühlen. Sehr lehrreich ist dafür die Tafel III bei Herzog, Studien zur griechischen Kunstgeschichte, wo vier Gruppen aus Vasenbildern ungefähr der gleichen Stilstufe nebeneinandergestellt sind und man ohne Zögern die beiden echtgriechischen an der freien, geistvollen Linienführung gegenüber der schematischen Stilisierung der anderen herauserkennt. Die trockene Strenge der letzteren besonders im Faltenwurf, für den Brunn die Anwendung mechanischer Hülfsmittel vermutet, ist mir auf Vasen griechischen Fundorts nirgends entgegengetreten. Der Einwand, dass Gefässe der besten Sorte eben nicht nach Etrurien exportiert worden seien, involviert, dass die Athener auch die oben gekennzeichnete flüchtigste Waare für sich behielten, während man das schematische Mittelgut den Etruskern schickte. Inbezug auf das Künstlerische lässt sich also der Unterschied der hier besprochenen Gefässe aus Griechenland und der Durchschnittsmasse der italischen dahin formulieren, dass erstere die Produkte einer Zeit sind, in der der einzelne Handwerker in freier Beherrschung der technischen Mittel und des Stoffes arbeitete, nicht immer ohne Nachlässigkeit, aber stets ohne ängstliches Nachzeichnen gegebener Vorbilder. In der oben s. 47 fg. zusammengestellten echtgriechischen Gruppe finden sich verhältnismässig viel mehr Unregelmässigkeiten, Abweichungen vom Typischen, man möchte fast sagen individuelle Laune, als auf den vielen italischen Gefässen. Die italischen Gefässe dagegen halten sich mit mehr oder weniger Verständnis an eine beschränkte Anzahl von Typen, die in den Einzelheiten sorgfältig, aber ohne innere Empfindung wiederholt werden. Es ist der Gegensatz eines in Fluss, wenn auch schon im Niedergang befindlichen Kunsthandwerks und einer auf der einmal erreichten Stufe stehenbleibenden Grossindustrie.

Der eigentümliche Konservatismus des sf. Stils inbezug auf seine bacchischen Darstellungen muss hier nochmals nachdrücklich betont werden. Jene wenigen Ausnahmen abgerechnet finden sich auf den italischen Gefässen trotz ihrer ungeheuren Anzahl keine Spuren einer fortschreitenden Entwicklung und das bacchische Thema heftet sich so sehr an eine bestimmte typische Gefässform, dass man früher „bacchische Amphora" zu ihrer technischen Bezeichnung nehmen konnte. Diese entwicklungslose Einheitlichkeit erklärt sich nur aus einer zeitlich eng begrenzten Entstehung. Wir haben Massenproduktion im grössesten Stile. Die Frage formuliert sich also dahin: ob in einer so rapide vorwärts schreitenden Entwicklung, wie wir sie in Athen etwa in der Mitte des 6. Jh. auf allen Gebieten der Kunst beobachten, ein so ungeheurer und so konservativer Fabrikationsbetrieb denkbar ist. Oder ob diese Grossindustrie nicht vielmehr deutlich die Spuren einer Zeit an sich trägt, welche ohne eigenes künstlerisches Empfinden einzig auf die Massenherstellung bedacht ist und alte Muster fabrikmässig, um nicht zu sagen schablonenhaft, wiederholt. Wo das geschehen, mag dabei vorläufig ausser Frage bleiben. —

Bei diesen wenigen Andeutungen, die entscheidende neue Beweise bei der Lückenhaftigkeit des griechischen Materials nicht beibringen konnten, muss es sein Bewenden haben. Sie erfüllen ihren Zweck, wenn sie wieder einmal daran erinnern, dass die Fundamente, auf welchen die Vasenkunde so rüstig nach allen Seiten ausgebaut wird, nicht in allen ihren Teilen unangefochten dastehen.